Journal of the Women's Studies Association of Japan
日本女性学会学会誌

女性学

Vol.32
2024

日本女性学会学会誌第 32 号編集委員会　編

発行：日本女性学会　発売：カナリアコミュニケーションズ

日本女性学会学会誌　**女性学**　2024 Vol.32

　　　　　　　　　　　　日本女性学会学会誌第32号編集委員会編

特集にあたって　2024年大会シンポジウム
巻頭言
「女性学を継承する」
　　　　　　　　　　　牟田和恵（司会・コーディネータ）……… 6

女性学からジェンダー研究へ：制度化への道
　　　　　　　　　　　　　　　　上野千鶴子 ……………… 12

女性学とジェンダー研究のあいだ──なにが異なり、なぜすれ違うのか
　　　　　　　　　　　　　　　　佐藤文香 ……………… 26

ディスカッサント　1
　　　　　　　　　　　　　　　　加藤秀一 ……………… 41

ディスカッサント　2
　　　　　　　　　　　　　　　　古川直子 ……………… 47

「同性パートナーシップ制度」導入自治体における「要綱型」選択の要因分析
　　──導入初期20自治体へのアンケート調査から
　　　　　　　　　　　　　　　　古川久瑠実 ……………… 54

20世紀前半の大阪市立衛生試験所による学童弁当改善運動と母役割
　——愛情弁当論誕生の史的背景
　　　　　　　　　　　　　　　　　　土屋匠平 …………… 73

研究ノート

エコフェミニズムにおけるヴァンダナ・シヴァの再評価
　——戦略的母性主義の観点から
　　　　　　　　　　　　　　　　　　笠原恵美 …………… 94

新刊紹介

上野千鶴子・江原由美子編　『挑戦するフェミニズム　ネオリベラリズムとグローバリゼーションを越えて』
　　　　　　　　　　　　　　　　　　茶園敏美 ………… 105

高橋幸・永田夏来編　『恋愛社会学　多様化する親密な関係に接近する』
　　　　　　　　　　　　　　　　　　荒木菜穂 ………… 107

ダリア・リスウィック著・秋元由紀訳　『レイディ・ジャスティス　自由と平等のために闘うアメリカの女性法律家たち』
　　　　　　　　　　　　　　　　　　宮津多美子 ………… 109

執筆者情報……………………………………………………………… 112
投稿原稿募集…………………………………………………………… 115
執筆書式………………………………………………………………… 118
提出用シート…………………………………………………………… 121
日本女性学会入会案内／日本女性学会規約………………………… 122
学会活動の自由と公正のための宣言………………………………… 125
第32号編集委員／編集後記…………………………………………… 126

Special Issues

シンポジウム「女性学を継承する」

特集にあたって　2024年シンポジウム
巻頭言
「女性学を継承する」

牟田和恵（司会・コーディネータ）

　大会プログラムに記した予告や当日冒頭の趣旨説明でも触れたように、本シンポジウムは、女性学の継承の必然性と困難を共にひしひしと感じる中で発意された。

　あらためて振り返ると、日本女性学会が設立されたのは1979年であったが、学会草創期からのメンバーである井上輝子が「女性学　women's studies」という言葉を作り上げたのはそれに少し先立つ1970年代なかばであった。井上の、「女の・女による・女のための学問研究」という「女性学」定義は、当初から物議を醸したが、この定義は、女性学は、既存の学問が圧倒的に男性によって担われ、男性の社会的経験に基づいて理論化・体系化されてきたという問題意識に発していた。その歪みをただし、新たな方法論や概念・理論や解釈を作りあげ、性差別がどのようなものであり、どう再生産されるのかを解き明かそうとしたのである。

　また、女性学は、性差別の撤廃を求めるフェミニズムの学問的表現としての歴史を持つ。実際に、女性学会が創設されてから約半世紀の間に、男性学が誕生し、ジェンダー研究という名称も加わり、さらにはセクシュアリティの研究、またジェンダーとのさまざまな交差を問うような多様な研究の展開があったことをみれば、女性学のめざした路線はきわめて的確だったことがわかる。

　しかしそれは、手探りであり、決して平坦な道ではなかった。女性学と本学会の発足当初、学界ではほとんど相手にされず、反発ならまだしも無視さえされていたような時期を思えば、現在のように、多様な学問分野／テーマについてジェンダーに関する研究が行われるようになったのはほとんど予測もつかなかった。

　だが、その展開の一方、女性差別に抗し、女性としての経験からの理論化を試みる「女性学」は「狭い」とみなされる傾向も生じた。また、とくに近年では、トランスジェンダーイッシューへの関心の高まりや注目から、「ジェンダー」の語の意味するところも変化してきた。すなわち、元来、女性学・フェミニズムの文脈では、女性への差別や抑圧の核として「ジェンダーステロタイプ」を捉えその解体や撤廃を目指してきていたはずが、トランスジェンダリズムにおいては、ジェンダーは、

個のアイデンティティの核ともみなされ、擁護されるべきもの、さらには「多様なジェンダー」として拡張されるべきものへと変化しているのだ。もちろんこれは単純で一方向的な変化ではなく、双方はともに学術的・社会的意味や意義を備えているはずなのだが、しかししばしば対立を含み葛藤をはらんでいるのも事実だ。

だが、こうした状況について、女性学会は正面から取り組む努力をしてきているだろうか。学会会員には、教育現場でジェンダーについて講じている方々が少なからずおられるはずだが、このような変容や揺れをどのように取り扱っておられるのだろうか。それは、個々の研究者や教員がそれぞれ責任を負うというよりも、本学会のような学術組織が先頭に立つべき課題であろうが、少なくともこれまでのところ、積極的な取り組みはなされてこなかった。

そしてそこには、「女性とは何か」「性別とは何か」という根本的で深遠な問いをめぐる問いや軋轢があり、これが現在のフェミニズムや女性学に深刻な、控えめに言っても無視することのできない食い違いや問題を生じさせている。こうした歴史と状況に鑑みて、いま、女性学の固有性や現代的意味を改めて問う必要があるのではないか。

こうした課題に、本シンポは挑戦的に取り組むべく企画された。登壇者として、女性学のパイオニア世代の上野千鶴子会員と続く世代の佐藤文香会員に発題いただき、加藤秀一氏（フェミニズム・ジェンダー・生命倫理学）・古川直子氏（ジェンダー／セクシュアリティ研究、精神分析理論）に討論いただいた。司会及びコーディネータは内藤和美と牟田和恵（いずれも日本女性学会幹事）が務めた。

詳細は本号で各氏がご報告よりさらに踏み込んで書かれている玉稿をお読みいただきたいが、簡単に述べればシンポでは、上野会員は「女性学からジェンダー研究へ：制度化への道」と題し、日本の女性学の誕生と故井上輝子会員による定義の意味、制度化・アカデミズム化の過程、展開、とくに「ジェンダー研究」への展開過程を辿った上、女性学の達成と課題を提起した。指摘された課題は、「女性」という集合的アイデンティティ自体、女性としての「経験」の重層性・多様性から、知の再生産システムに組み込まれることの功罪、ジェンダー概念の"標準化"等々多岐にわたった。

第二報告の佐藤会員は、「女性学とジェンダー研究の間―何が異なり、なぜすれ違うのか」と題し、女性学とジェンダー研究の関係の認識の違い等、「女性学創設世代」と「ポストジェンダー研究制度化世代」のディスコミュニケーション、すなわち継承の困難の根本は、ジェンダー概念が、ジェンダー／セックス二元論の第2パラダイムから、二元論パラダイムからの解放（ジェンダー／セックスの区別の廃棄）を標榜する第3パラダイムへと移行したことにあると指摘した。そのうえで、

世代間ギャップを架橋する、4通りの解放への道筋を提示した。

このように「女性学の継承」の課題化のしかたが異なるお2人の発題を受け、続いてディスカッサントからの討論が行われた。加藤氏は、ジェンダー概念をどう使うかと、社会運動とフェミニズムについて見解を述べた。同じく古川氏は、①第2パラダイム：階層秩序（権力関係）としてのジェンダー概念と、第3パラダイム：性別二元論批判、2つの視点は両立するのか？、②ジェンダーへの自由とジェンダーからの自由は同時に実現するか？の2点を両発題者に問うた。

そして、これらへのリプライと対話、そして会場討論が活発に行われた。

本稿を記すにあたり、あらためてシンポジウムを振り返ると、メインスピーカーである上野・佐藤氏の報告は、女性学とジェンダー研究の展開を見事につなげてくれた。まさしく発祥以来の女性学の芽生えから展開、そして現在に至る困難と課題が論じられる発題となった。

ただ、これは他面から見ると、お二人から経時的に論点が提示されたということでもあった。これについて上野氏は、本号掲載の追記で、

> 本シンポは、本（上野）報告で論じた世代間の亀裂をそのまま証明するものになった。上野より若い第二世代の研究者はいずれもアカデミアの中の研究者が直面する問題に焦点化し、女性学とその出自と背景、裾野の拡がりや草の根の女性たちの変貌や経験などは論じられることがなかった。残念である。

と無念を書いておられる。たしかに、佐藤報告もディスカッサントお二人のコメントも、学問・理論や思想としてのフェミニズムやジェンダー理論に重点を置かれていたのは確かで、上野氏が説得力を持って論じた女性学の創始期がそもそも持っていた、草の根の女性たちの経験に発するからこその力強さやインパクトが、どのように継承されてきたのか、どう女性たちの生活や経験を変えてきたのかにはほとんど触れられることがなかった。「男女共同参画社会基本法」は言うまでもないが、「女性活躍推進法」「困難女性支援法」など、行政サイドにさえ女性学的な知が導入され———その内実はとりあえず措くとして———広範に社会に一定の効果をもたらしていること、しかし同時に女性の貧困が進行していることを典型として全体としての女性差別の底上げが果たされているとはとても言えないこと等々を踏まえれば、私達が「女性学」をテーマとするからには、現時点に至るフェミニズムの歴史や達成あるいは失敗・隘路を当然取り込むべきであっただろう。上野氏の無念はもっともであり、司会コーディネータとして、大いに反省するところである。

しかし同時に、まさにこの、上野氏いうところの亀裂が、女性学が現在直面している困難であり、だからこそそこに佐藤氏やディスカッサントの古川氏は踏み込ん

だのだと考える。

　実際、本シンポ・大会が実行されるまでに、この点をめぐってどれほどの葛藤や問題を経てきただろうか。前年の大会では、「フェミニズムの再生と再創造のために──グローバリゼーション・ポストフェミニズム時代における課題」と題してパネルがもたれ会場には満員の聴衆が集まったものの、会場の施設前ではこれがトランスヘイトであるとデモが行われた。そして本大会でもたれた一分科会「フェミニズムと表現・出版・学問の自由」は、開催の前からトランス差別だと反対批判に遭い、会場では批判派・擁護派双方から学会のコードにはふさわしいとは言い難いような激しい応酬もなされた。この分科会については事後にも学会への告発・苦情が寄せられ、学会としての対処が議論されている（2024年7月14日付日本女性学会HP記事）。本稿を執筆している11月30日現在も検討は継続中のようで、対応にあたっておられる方々のご尽力に敬意を表する。本号が刊行される25年3月にはなんらかの結論が出されているだろうが、上記のように「ジェンダー」や「女性」をめぐる理解や認識に、学問的にも一般的にも対立や混乱、混迷があるなかでいったい何を基準として評価や判断を下されるのだろうか。この問題については、これまで日本女性学会として正面からの議論は行われてきていないのだ。誤解のないよう正確に言えば、議論を怠ってきたのではなく、議論することが困難な状況だったのだ。だからこそそこから歩を進めるための試みとしてこのシンポが企画された。それが本シンポで複数の登壇者が「アカデミアの中の研究者が直面する問題に焦点化」せざるを得なかった事態の意味なのだ。

　かつて女性学は、上野氏も触れたとおり、アカデミアにおいて学問の名に値しないと無視軽視される時期が長く続いた。いまこうしてアカデミアの内部の問題に女性学・ジェンダー研究者たちが焦点化しているかのように見えるのは、したがって、ある意味隔世の感があろう。かつての苦難を知っている世代からすると、アカデミア内での問題など「些末」で、本来の女性学の存在意義をきちんと継承できていないように見えるかもしれない。しかし、以上のことを踏まえるならば、それは、単に「理論」を弄ぼうとしているのではまったくなく、研究者・教育者、そして一生活者・フェミニストとしての生きる経験、困難、葛藤に根差すリアリティに発しているのだ。それはかつて、いかに既存の学問体系や学界から愚弄され無視されようとも、女性の具体的な生きる経験を真摯に追究し闘ったのに引けを取らない重要な課題ではなかろうか。

　したがって、これ自体が、フェミニズムや女性学のまごうことなき「展開」であり、女性学の発祥時の「産みの苦しみ」の再現でもあるのではないだろうか。さらに、女性学やフェミニズム、そしてそこから生まれたはずのジェンダー研究の存在意義や価値が挑戦を受けていると認識するならば、発祥や誕生以来はじめて経験し

ている危機だと言えるかもしれない。

 だからこそ、このシンポジウムが持たれたのであり、こうして記録に残されることに今後の女性学・フェミニズム研究の可能性が芽生えていると考えたい。それはまさに、アカデミアの外に生まれた女性学が本来的に備えているレジリエンスを示すものだ。

 当然のことながら、本シンポでなんらかの結論や答えが出たわけではない。しかしだから本シンポジウムが「失敗」したとか十分でなかったなどとは微塵も考える必要はなかろう。女性学はこれまでの歴史で、なんども同じ思いを持つはずの者たちの間でも相容れない対立や葛藤を経験してきた。そしてそのたびに踏みとどまり新たな考え方や世代を包摂し生み出すことで緩やかにであれ歩みを進めてきた。女性学は、女性個人個人の相容れなさを安易に解消せず、しかし分裂をすることもなく、かつ、一面的な「真理」や「正義」に依拠しない、女性学が学問としてもっているレジリエンスに依拠して、継承され発展してきた。そこでは、開かれた議論が前提となることは言うまでもない。コーディネータのひとりとしてその機会に関われたことを誇りに思い、巻頭の言としたい。

Special Issue: Inheriting Women's Studies

MUTA Kazue

The term "Josei-gaku" was coined from "women's studies" in the mid-1970s, and our Women's Studies Association was founded in 1979. In the half century since then, women's studies have progressed as a study to clarify and eliminate the structure of gender discrimination; especially in recent years, however, the meaning of the word "gender" has changed due to the growing interest and attention to transgender issues. Contrary to women's studies, which has sought to dismantle or dissolve gender, in the context of transgender studies, gender has shifted to be seen as the core of individual identity, something to be defended and even expanded upon as "diverse gender".

Both of these should have academic and social meaning and significance, but they are often at odds and in conflict with each other, therefore creating serious discrepancies and problems for current feminism and women's studies.

In this symposium, each presenter and discussant reexamines the specificity and contemporary meaning of women's studies in light of this history and situation. This is not simply an attempt to play with "theory" at all, but an attempt to earnestly pursue and fight against women's concrete lived experiences.

Therefore, this in itself is an unmistakable "development" of feminism and women's studies, and may be a sign of the resilience of women's studies.

女性学からジェンダー研究へ：制度化への道

上野千鶴子

はじめに

女性学が誕生してからおよそ半世紀。パイオニア世代が教壇を去って、その世代が育てた第二世代が教壇に立つようになった。女性学会も次世代への継承を考える時期が来た。私たち以前には女性学というものが存在しなかったパイオニア世代として、女性学の歴史を語り継ぎ、次世代へ手渡したい。

日本における女性学の成立

女性学は女性解放運動から始まった。運動に奉仕するものは偏っており学問ではない、という思いこみに対抗するために、それは何度でも強調しておかなければならない。

日本のウーマンリブは1970年10月21日の国際反戦デーの「おんな解放学生戦線」による女だけのデモから始まった。翌1971年8月の信州における「リブ合宿」の場で、海外事情に詳しいジャーナリスト、松井やよりが「アメリカにおける女性学事情」を紹介した場に、社会学者の井上輝子がいた [井上2021]。彼女はただちにこれが自分のやりたかったことだ、と感じたという。

井上はその後アメリカの各大学を見学して女性学部や学科の新増設の実態を見てまわり、1974年に「アメリカ諸大学の女性学講座」という報告書を出し、若手の女性社会学者を中心に「女性学研究会」を組織した。この研究会からは『女性学をつくる』[女性学研究会1081]『女性学とその周辺』[井上1980] が刊行されている。

同様な動きが1970年代後半に各地で起きた。1978年に井上等の女性学研究会に加えて、1977年には東京で国際女性学会、京都に日本女性学研究会が発足、1978年には日本女性学会が設立された。日本の女性学は大学の外で民間学として成立し

たことは記憶しておいてよい。1979年には日本で初の「女性学」の名を冠した『女性学年報』が日本女性学研究会から刊行された。初代編集長は上野である。その後1981年には日本女性学会から学会誌『女性学』が発刊された。

女性学は研究でもあり、運動でもあった。日本女性学研究会と日本女性学会は、会員資格に学歴を条件としていない。当時の女性の大半が高校や短大卒であったことを思えば、学士や修士の資格を求めること自体が権威主義的であるばかりか、リブのなかにあるねづよい反主知主義に対しても抑圧的であった。女性の経験の言語化・理論化をめざした女性学は、どんな女性にも語る資格があり、語るべき経験があると確信するところから始まった。女のことばが聞き入れられず、オーラルヒストリーを聞きにきた若い女たちに向かって年配の女たちが「わたしのような者の話は聞くねうちもないものだけれど…」と前置きをしなければ語り出せない時代だった。しろうと学問と思われた女性学の研究論文は、やがて10年も経つと、家族社会学などの専門学術誌に引用されるようになる。

日本における女性学のパイオニア、井上輝子は、当時の地域研究や老年研究のように「学際的女性研究 Interdisciplinary Studies on Women」にすぎなかったこの新しい研究分野を、「女性学」と翻訳した。あたかもひとつの専門分野の登場のように聞こえる「女性学」という名称は、正確にいえば誤訳だが、創造的誤訳というべきである。井上は女性学に「女の・女による・女のための学問研究」という定義を与えた。この定義は物議を醸した。

第1の「女（について）の」まではよい。これまでも男性の哲学者や社会学者による女性論はあまた書かれてきており、女性は論じるべき対象と見なされてきた。だが、第2の「女による」は「男にはできないのか」と反発を招いた。女性学が登場したとき、わたしは「自分自身を研究対象にしてよいのか」と目からウロコが落ちる思いをしたのだが、「女が女を研究する」と「主観的」で、「学問ではない」と言われた。ならば女以外の者が女を研究すれば「客観的」であることになるが、女以外の者といえば男に限られる。これまでの男性による女性論が、どれほどミソジニーや幻想に基づいているかを、女性学は次々にあばいていった。それどころか女性学は、これまでの学問が「男の・男による・男のための学問」でしかなかったジェンダー・バイアスを批判したのである。当時勃興しつつある新しい研究分野であった女性学は、産育や家庭、身体やセクシュアリティなど、これまでの学問が正統な研究対象と認めてこなかった新しい主題を次々にとりあげ、先行研究がないために、何をやっても発見がもたらされるという成長期を迎えていた。若くて野心的な男性研究者がこの刺激的な分野に関心を持つのも無理はなかった。女性学の研究者の中には、女性学とは「性別を問わずジェンダーの正義に関心を持つすべての研究者のもの」という者もいたが、女性学の創設者、井上は遺著となった『日本のフェミニ

ズム』[井上 2021]で女性が研究の客体から主体になる重要性を以下のように指摘する。

「この『女性による』は、私の女性学の原点であり、誰がなんと言おうとも譲れないポイントでした。」「この点こそが、後にさまざまな物議をかもした点でもありましたが。」[井上 2021：291]

さらに第3の「女性のための」も物議を醸した。「中立・客観」であるべき学問研究が特定の社会集団の利益に奉仕するなら、それは学問ではなく偏ったイデオロギーだと批判されたのである。ブルジョワサイエンスである社会学のなかにはマルクス主義に対する忌避感があり、女性学は、「階級利益に奉仕する」イデオロギーであるマルクス主義の女性版代替物と見なされた節がある。事実「女性＝階級」説も存在した。だが、フェミニズムから生まれた女性学にとっては、フェミニズムは思想と実践、女性学はそのための理論と実証という「車の両輪」であり、運動の役に立たない研究は意味がないといえる。

この女性学の「当事者性」こそ、それまでの「中立・客観」を標榜する学問との大きな違いである。のちに障害学の分野から当事者研究が登場した時、既視感があったが、回顧的に考えれば女性学こそは当事者研究のパイオニアであったと言ってよい。この立場は、ウーマンリブが「他者救済」ではなく、「自己解放」を目指したことと無関係ではない。何が「解放」かは当事者にしか定義できないし、第三者が当事者を解放することはできない。[*1] ジェンダー研究はそれまでも、それ以降も、学問の「中立・客観」神話と闘ってきており、今日もまだその闘いは続いている。

女性学の登場は、それ以前に「婦人問題論」を扱っていた先行の世代からも不快感を持って迎えられた。すでに「婦人問題論」という分野があるのに、ことあたらしく輸入学問として「女性学」を名のることに対する反発である。これに対しても井上は以下のように応答する。

「私たちがなぜ、Women's Studies に『女性学』という訳語を当てたかといえば、なによりもまず、従来の『婦人問題研究』の枠を破りたかったからです。私に言わせれば、『婦人問題研究』は、男性並みの社会的権利の獲得をめざす、第一波フェミニズムの学問版であり、男性中心の学問世界の片隅で、男性たちによってつくられた概念や理論を『婦人問題』に適用するという、きわめて慎み深いもので、学問世界自体のパラダイム転換を図るという大それた野望などは、みじんも持ち合わせていないように思えました。」[井上 2021：289]

民間学としての女性学

女性学は大学の外で民間学として成立した。折から結婚・出産と共に地域に散っ

ていった女性たちのあいだに、社会教育・生涯学習のニーズが高まり、各地の公民館や社会教育施設などで急速に女性学の講座やサークルが拡がった。戦後団塊世代のコーホートグループはもっとも既婚女性の専業主婦率が高く、保育所の数はじゅうぶんではなかった。地域にいる女性のために1965年に日本で初の託児付き講座を実施したのは、国立市公民館の職員だった伊藤雅子である。この講座からは『主婦とおんな』[国立市公民館市民大学セミナー 1973]という学習記録が生まれた。こうした講座の受講生を中心に、女性の活動の拠点がほしいと、80年代には各地で女性会館建設ブームが起きた。

80年代は過熱したバブル景気で自治体の税収が増加し、自治体首長の箱物行政に、女性会館建設が利用されたとも言える。その結果、アクセスの悪いロケーションに大理石を張り巡らせ、宿泊設備まで備えた豪華な公共建築が各地にできたが、それは女性たちが求めたものではなかった。各地の自治体では、国内行動計画の策定のための審議会や女性会館建設準備会のような行政の諮問機関に、女性学の研究者や講座の修了生が動員された。これをもって80年代フェミニズムを「行政主導フェミニズム」であったと総括する研究者もいるが、女性会館は天から降ってきたわけではなく、草の根の女性活動家たちが要求したことによって初めて得られたことを、忘れてはならない。これらの女性会館は、90年代に「男女共同参画」という行政用語が登場してからは、なだれをうって「男女共同参画センター」に看板を付け替えていった。「男女」が看板に加わったために、それでなくても資源配分の少ない女性会館は、「男の料理教室」のような男性向けの活動に予算を割かなければならなくなった。

女性会館は社会教育機関としての限界を持ちながら、受講生のなかから自治体審議委員や地方議員などを輩出する人材育成効果を持っただけでなく、担い手の公務員たちとのあいだに官民連携をもたらした。また大阪府立女性会館における社会人向けの講座から、小倉千加子の『セックス神話解体新書』[小倉 1988]のようなベストセラーを生んだ。

1977年には国立女性教育会館（NWEC）が設立、1999年には独立行政法人となった。2023年には所管が文科省から内閣府に移り、政策における「ジェンダーの主流化」のハブの役割を期待されている。

大学への参入

同じ頃に女性学は、ようやく大学のなかへ参入していった。まだ大学闘争の余韻が残るキャンパスには、学生が講師を指名して単位認定を大学に求める「自主講座」が開設され、上野はそうした自主講座の講師として京大に出講した。また地域、環

境などの学際的アプローチが注目を集めていた時期に、「人権」や「性」というテーマの総合講座の一環として女性学は大学の教養課程に食いこんでいった。総合講座の多くは多分野の講師からなるオムニバス方式の講義であったが、わたしが当時勤務していた短大の教授会に、女性学総合講座のカリキュラムを提案したときの男性教授の発言は忘れられない。「女性学、それって学問ですか」というものだった。オムニバス講義の担当者がわたしを除いて全員学外の非常勤講師であることも、コスト的に問題とされたが、「女性学の担い手の大半が非常勤であることこそ、女性学が必要な理由です」とわたしは説得した。

1973年には原ひろ子を初代所長とする国立大学初の「女性文化資料館」(のちに「女性文化研究センター」、「ジェンダー研究センター」と改称)がお茶の水女子大に設立。前後して、東京女子大、日本女子大、神戸女学院大などの私立女子大に女性学研究所が生まれた。

80年代後半から90年代にかけてNWECは全国の大学を対象にして「ジェンダー関連講義リスト」を収集・公開するようになった。上野は東大に赴任後の90年代、東京大学新聞の協力を得て「東京大学ジェンダー関連講義リスト」を公開したが、その調査法は全学部にわたって開講科目のシラバスから「女性」や「性差」などのキーワードを拾う、きわめて原始的なものだった。その結果、産科学や性差医療の分野で医学部にいちじるしく関連科目が多い結果になり、趣旨と一致しないために、この企画は短期間で立ち消えになった。NWECも情報の収集をやめるようになったが、それというのも全国の大学にジェンダー関連科目が拡がり、リストがあまりに膨大になったせいもある。

女性学は教養課程から専門課程へと食いこんでいき、女性学に関連するテーマで学士論文、修士論文、博士論文が書けるようになった。女性学がとりあげたテーマは、産育、家事労働、身体、セクシュアリティなど、それまでの学問のアジェンダとして正統性を持たず、重要視されてこなかった分野に集中した。先行研究がないために何をやっても新鮮で、かつその分野の第一人者になれるとあって、女性学草創期は興奮に満ちていた。その後さらに、女性雑誌や少女マンガ、TVドラマなどの大衆文化、コスメやファッション、ルッキズムなどの女性市場、風俗や性売買、性暴力などのこれまで語られてこなかった主題にまで研究対象は拡大し、学知の世界を塗り替えていった。

女性学からジェンダー研究へ

女性学が「女の・女による・女のための学問研究」を標榜したために、女性学のゲットー化が起きるようになった。女性学は学問の分野に、あらたな対象をつけ加

えただけではない。「男の・男による・男のための」既存の学問にジェンダー・バイアス批判を突きつけ、その変革を迫るものだった。アメリカでは女性学部、女性学科が創設されたが、そのためかえって男性の研究者は女性学の成果に影響を受けることが少なかった。

この状況に苛立ちを示して、ジェンダー史家のジョーン・スコットは次のように言う。
「女の歴史といった場合、たいていのフェミニストではない歴史家の反応は、いちおう承認し、そのうえで隔離するか、あるいはきれいさっぱり忘れてしまうというものであった。(「女には男とは別な歴史があったそうだから、フェミニストたちには女性史をやっていてもらおう。われわれには関係なさそうだ。)」[Scott1988=1992:56]

女性学が「党派的 partial」*2 な学問であるという批判を受け止めて、スコットは「イエス・バット」と答える。
「私はジェンダーにかんする(中略)アプローチから生じる結果が必然的に偏ったものになるだろうことも認識している。私は全体を見通すことができるとか、あらゆる不平等、あらゆる抑圧、あらゆる歴史を説明することのできる決定的カテゴリーをついに発見したなどと主張するつもりはない。(中略)このように偏りを自認することは、普遍的な説明の追求において敗北したと認めることではないと、私は考えている。むしろそれは、普遍的な説明はこれまでも可能でなかったし、いまも可能ではないと示唆しているのである」[Scott2018=2022：47-48]

その過程で女性史はジェンダー史へと再編成されていく。問われるべきは「女性」という項ではなく、「ジェンダー」という、人間を男女の集団に二元的に分割する差異化のカテゴリーそのものであるという了解が成り立ってから、女性学はジェンダー研究へと衣替えするようになった。

ジェンダーはもともと男性詞と女性詞を分ける文法用語で、自然言語にない用語である。ましてや男性詞も女性詞もない日本語にとっては、ジェンダーは外来の専門用語にすぎない。そのため、ジェンダーは中立的な学術用語と誤解され、女性学を偏った学問だと批判されることを恐れた研究者たちによって、積極的に採用されるようになった。"I'm not a feminist, but..."言説である。それに反発してジェンダー研究者のなかには、あえて旗幟鮮明に feminist studies を名のる人々もいた。井上や上野は自分の専門分野を女性学・ジェンダー研究と併記するが、それはジェンダー研究の出自を忘れないためである。

ジェンダーは男女の非対称な権力関係を意味する概念であり、決して中立的ではない。ジェンダーが男女を分割する差異化のカテゴリーであるなら、ジェンダーの社会的文化的歴史的な構成について、男女いずれの研究者も参入することができる

し、参入すべきであろう。人間の社会集団のなかでジェンダー非関与な集団はないから、ジェンダー研究は理論上、あらゆる分野を対象とすることができる。女性がいるところでは女性の研究を、女性がいないところではなぜ女性がいないかの研究をする必要があるとすれば、女性を排除した軍隊のジェンダー研究もまた可能だし、必要なのである。男がいかに男になるかについての「男性性」の研究もジェンダー研究の重要な主題となった。

アカデミアの中の女性学

このようにして女性学はアカデミアのなかで市民権を獲得していった。学会が成立し、査読つきの学術ジャーナルが刊行され、わずかとはいえジェンダー講義を受け持つ専任教員のポストもできるようになった。城西国際大学にはわが国唯一の女性学専攻の大学院が設置され、お茶の水大には「ジェンダー社会科学」の副専攻が置かれるようになった。2001年には当時学術会議会員だった原ひろ子の尽力によって、学術振興会の科研費の細目に「ジェンダー」が組みこまれるようになり、研究費の配分も得られるようになった。

これを称して「女性学の体制内化」と呼ぶ人がいるがそれは当たらない。女性学はその成立の当初から、アカデミアにおける制度化を一貫して求めてきたが、制度化と体制内化とは同じではない。「体制内化」とは制度化の効果が既存の権力や権威を補完する役割を果たすようになったとき、すなわちミイラ採りがミイラになったときに使われる用語である。上野は2001年に日本女性学会の学会誌、『女性学』9号に、「女性学の制度化をめぐって」[上野2001]という一文を寄稿して、制度化にはよい制度化と悪い制度化とがあり、制度化によっても女性学の批判力やインパクトは失われていないと論じた。

2005年の学術会議改革によって、学術会議の女性会員は19期の6.2％から20期の20％へと急増した。男女共同参画の旗印のもとに、女性の過少代表性を是正するのは、学術会議にとっても必須であった。2023年現在、第26期学術会議の女性会員比率は36.3％に達している。会員の選出方法が学会推薦からコオプテーションへと変更されたことで、学術会議と各専門学会とのそれまでの関係が断たれることを憂慮した各部会では、専門学協会のコンソーシアムを形成したが、増加した女性会員によって「ジェンダー研究分科会」が設置され、そのパートナーとして「ジェンダー関連学協会コンソーシアム」も発足した。その後、ジェンダー史学会、ジェンダー法学会、フェミニスト経済学会などの専門学会も成立していった。

男女共同参画の趨勢は各学会にも及んだ。2002年には理系分野を中心に54団体が加盟する男女共同参画学協会連絡会が成立し[*3]、数次にわたる女性研究者の実態

調査を実施してきた。2017年には加盟団体90以上に及ぶ人文社会科学系学協会男女共同参画推進連絡会（略称GHEASS）が設立された。[*4]女性研究者を増やす、とりわけ理系分野で増やすことは、国策にもなった。

　2014年5月31日日本学術会議のジェンダー関連5委員会は共催で「男女共同参画は学問を変えるか？」というシンポジウムを実施した。[*5]ポスト改革第1期生ともいうべき女性会員たちが、ほぼ全員任期満了で退任する時期を迎えていたからである。学術会議に女性会員が増えてからジェンダー関連の分科会はいくつも増え、複数の分科会を横断するような分科会さえ必要になっていたが、他方で学術会議には常設の科学者委員会のもとに「男女共同参画推進分科会」が設置されていた。わたしを含むジェンダー研究者の共通の問題意識は、ジェンダー研究と男女共同参画とはどうも相性が悪い、というものだった［上野2014］。学術会議は1部人文社会科学、2部生命科学、3部理学・人工物科学と3部会に分かれているが、ジェンダー研究者はほぼ1部に集中していた。ジェンダー研究者は学問を変えたいという動機で学問の世界に参入していたが、男女共同参画を推進する男女は，女性研究者の地位や待遇を改善することには関心があったが、女性を増やすのは学問研究のより効率的な発展のためという意図からのように見えた。理系の研究者のなかには、「男性らしさ」、「女性らしさ」は生物学的に決定されていると考える者たちもいた。

　人文社会科学は言語をもってする学問である。言語はジェンダーまみれであるから当然研究者はジェンダーに敏感にならざるをえない。その結果、女性研究者が参入することによって学問は変わる。生命科学も雌雄が分かれる動物を対象にする場合には、当然のように性差医学のような学問が生まれる。これに対して理工系の研究者は、「男がやっても女がやっても真理はひとつです」とする傾向があった。だが後に、工学系の女性研究者たちもまた、女性が参入すると工学分野のアジェンダ設定も、アプローチの方法も多様化し、変化する、と証言するようになった。

　女性の参加はたんに学術の世界の過少代表性を是正し、学問の裾野を拡げてその真理性を高めるというためだけのものではない。ジェンダー視点の導入によって既存の学問のバイアスを衝き、学問をつくり・かえるものでなければならない。学問は異論から発展する。女性の参加がたんにメイル・クローンの増加であれば、学問の発展はのぞめない。

世代交替とその課題

　女性学・ジェンダー研究はアカデミアのなかで市民権を得るようになった。最後に女性学・ジェンダー研究の世代交替にまつわる問題群を指摘しておこう。
　制度化とはアカデミアという学知の再生産の制度に入ることを意味する。そこで

は学知の再生産の担い手は、高等教育機関に参入することのできる高学歴女性になる。ジェンダー研究は講壇で教えられ、教室で学ばれるものになった。

女性学のパイオニア世代は、独学の世代だった。女性学を学ぼうにも大学には講座はなく、海外の文献を取り寄せては勉強会などを組織して学んできた。女性学が大学の外で民間学として成立したために、パイオニア世代は草の根の団体との接点が多くアクティビストとの関係も深かった。

女性学第二世代は、その第一世代に教えられた世代の研究者である。この世代は女性の急速な高学歴化に伴って進学し、女性学発展期の熱気を経験して、研究者を志した。知的な好奇心や個人的な関心から女性学を専攻した若い研究者たちは、アクティビズムとのあいだに距離があり、出身階層も限られるようになった。大学進学率の上昇にともなってわずかとはいえ、女性学・ジェンダー研究のポストも生まれ、研究費も得られるようになった。ただし大学院重点化施策のあおりを喰らって、任期付きの不安定雇用にさらされた。

現在の第三世代は、その第二世代が教壇に立って教えてきた若い世代である。大学院重点化と少子化の需給バランスの変化から、高学歴ワーキングプアが登場し、わけてもジェンダーを研究課題とすると学界のなかでも周辺化される傾向があった。女子学生の実学志向・資格志向が強まり、「ジェンダーの主流化」にともなって、タイトルに「ジェンダー」「女性」のキーワードを含まなくても、多くの分野でジェンダー変数が分析に取り入れられるようになった[*6]。

世代交替とともに研究の内容も変化してきた。第一世代はフェミニズム理論のような総論志向が強かったが、第二世代は経験的な実証研究を積み重ねてきており、そこで得られた知見の蓄積には膨大なものがある。第三世代はジェンダーを分析の一部にとりこむことで、専門分野の主流に食いこみ、「ジェンダー研究者」を名のらない傾向がある。

女性学・ジェンダー研究のレガシーを記録する動きもある。第一世代の引退にともなって第二世代の研究者による第三世代の若手を組織した『ジェンダー研究を継承する』[佐藤他編 2017]というプロジェクトでは計21人のパイオニア世代の証言を動画記録と書籍で残している。映像記録では、2014年に松井久子監督による『何を怖れる　フェミニズムを生きた女たち』[松井 2014]が公開された。ウィメンズアクションネットワークはウェブサイト上でパイオニア世代の退任に当たっての「最終講義アーカイブ」を映像記録で集積し、またミニコミ図書館で第二波フェミニズムに関連するパンフレットやニュースレターを電子化して収蔵し、公開している。1994-95年には井上他編による『日本のフェミニズム』全7冊別冊1[井上他編 1994-95]，さらにその続編として『新編　日本のフェミニズム』全12巻[天野他編 2010-11]のアンソロジーが刊行された。第一世代よりやや若い世代による『フェ

ミニズム・コレクション』全3巻［加藤他 1993］も刊行された。女性学・ジェンダー研究の拡がりにともなって共通の用語の定義も必要とされるようになり、2002年には『岩波女性学事典』［井上他編 2002］が、2024年には『ジェンダー事典』［ジェンダー事典編集委員会 2024］が刊行された。女性学が学問でない、と言う者はもはや誰もいない。

　だが、学問化した女性学には功罪共にある。

　大学院重点化施策は惨憺たる失敗に終わったが、ポジティブな効果もあった。アメリカ化によって学位がアカデミック・キャリアの出発点となったことで、大学院修了の指標として学位論文が量産されたことである。そこに社会人入学のブームが加わり、草の根のアクティビストたちが大学院に進学し、現場の体験にもとづいて学位論文を書くようになった。それだけでなく、性暴力被害者やマイノリティ女性など当事者性にもとづいた研究も次々に登場し、それらのアクション・リサーチは刑法改正などの政治的ロビー活動にも結びついた。研究と運動の伴走は、今でも続いている。

　女性学の「学問化」はマイナスの効果も持った。女性学・ジェンダー研究が大学で学ぶものになったせいで、文芸評論家の斉藤美奈子からは理論の高踏化・難解化を以下のように揶揄されるようになった。

　「スキー場の上の斜面では華麗な滑りを見せるプロがいる一方で、裾野のコースでは初心者たちがよちよち歩きしている」と［斉藤 2002］。

　その結果、メディアでフェミニズムの発信者として注目を集めるのは、実感や経験にもとづいて情報発信したり、また取材にもとづいてノンフィクションやルポタージュを書くライターたちが多く、アカデミックな研究者は少ない。#MeToo以後、時ならぬフェミニズム・リブートが起きているさなかに、女性学・ジェンダー研究の担い手のなかから、草の根の女性の声を代弁するひとびとがもっと出てほしいと思う。女性学とは、何よりも女性の経験の言語化・理論化なのだから。

　今やあらゆるディシプリンにジェンダー研究者が登場しているが、ジェンダーが領域横断的な概念としてあらゆる学問分野で主流化されるかどうかは（ジェンダー政策が政治の分野で主流化されるかと同じく）、今後の課題である。

おわりに

　「今日あらゆる分野で、ジェンダーだけで対象を分析することはできないが、同時にジェンダー抜きで分析することもできなくなった」［上野 1996］とわたしが書いたのは 1995 年である。アメリカから「インターセクショナリティ intersectionality」という概念が入ってきて、ジェンダーに加えて人種、階級、国籍、障碍、セクシュ

アリティ等々、さまざまな変数が分析に要求されるようになった。だが、それはジェンダー研究があらゆる問いに答えなければならないということを意味しない。「誰ひとり取り残さない」というスローガンのもとに、フェミニズムがすべての問いに対して全能であると考えるのはあやまりである。そうした期待は、女の思想であるフェミニズムに「ケアする性」としての負荷を負わせる、姿を変えたミソジニーであろう。むしろスコットと同じように、ジェンダー研究に限界があることを認める必要がある。だが限界を認めることは、フェミニズムにとってもそこから生まれたジェンダー研究にとっても恥でも何でもない。むしろジェンダー研究はジェンダーについて考え抜いてきたその成果を、他の人種理論や階級理論と文字通り「交差」すべきなのだ。「インターセクショナリティ」という概念が被差別者のあいだの告発と分断のキーワードではなく、連携と協働のためのキーワードになることを願う。
　「ふくざつな世界をふくざつなままに」理解し、分析する理論と実証とがさらに求められている。ジェンダー研究はその重要な一角を占めるはずだ。

追記

本シンポは、本報告で論じた世代間の亀裂をそのまま証明するものになった。上野より若い第二世代の研究者はいずれもアカデミアの中の研究者が直面する問題に焦点化し、女性学とその出自と背景、裾野の拡がりや草の根の女性たちの変貌や経験などは論じられることがなかった。残念である。

註

＊1　したがってアメリカのアフガニスタン侵攻の際に、当時のブッシュ大統領の妻、ローラ・ブッシュが唱えたように「茶色い男たちの抑圧から茶色い女を解放する」のは、もうひとつ植民地主義にすぎない。
＊2　partial には「部分的」という訳語もあるが、訳者の荻野美穂は「党派的」と訳している。
＊3　2024 年現在 107 団体に達している。
＊4　2023 年現在の加盟団体は 72、学会毎のジェンダー統計の公開やシンポジウムなどを実施している。
＊5　共催団体は以下のとおり。社会学委員会ジェンダー研究分科会、複合領域ジェンダー分科会、史学委員会歴史学とジェンダー分科会、法学委員会ジェンダー法分科会、科学者委員会男女共同参画分科会。日本女性学会は後援団体に入っている。このシンポの内容は以下の WAN サイトで動画記録を見ることができる。https://wan.or.jp/article/show/4975
　　『学術の動向』19 巻 12 号（日本学術振興財団、2014 年）はこのシンポの特集号となっている。
＊6　WAN のウェブサイトには「女性学／ジェンダー研究博士論文データベース」が蓄積されている。担当してきた内藤和美は、近年「女性」「ジェンダー」のキーワードでは検索できないジェンダー関連の学位論文が増加した、と証言している。https://wan.or.jp/article/show/11555

参考文献

天野正子・伊藤公雄・伊藤るり・井上輝子・上野千鶴子・江原由美子・大沢真理・加納実紀代編／斎藤美奈子編集協力 2009-2011『新編　日本のフェミニズム』全12巻、岩波書店

井上輝子・上野千鶴子・江原由美子編／天野正子編集協力 1994-95『日本のフェミニズム』全7冊別冊1、岩波書店

井上輝子 1980『女性学とその周辺』勁草書房

井上輝子・上野千鶴子・江原由美子・大沢真理・加納実紀代編 2002『岩波女性学事典』岩波書店

井上輝子 2021『日本のフェミニズム　150年の人と思想』有斐閣

ジェンダー事典編集委員会 2024『ジェンダー事典』丸善出版

女性学研究会編 1981『女性学をつくる』勁草書房

加藤秀一・坂本佳鶴恵・瀬知山角 1993『フェミニズム・コレクション』I, II, III、勁草書房

国立市公民館市民大学セミナー 1973『主婦とおんな　国立市公民館市民大学セミナーの記録』未來社

松井久子 2014『何を怖れる　フェミニズムを生きた女たち』人文書院

小倉千加子 1988『セックス神話解体新書』学陽書房

斉藤美奈子 2002『文壇アイドル論』岩波書店

佐藤文香・伊藤るり編 2017『ジェンダー研究を継承する』人文書院

Scott, Joan W.（1988）. *Gender and the Politics of History*. New York: Columbia University Press. =1992 荻野美穂訳『ジェンダーと歴史学』平凡社

Scott, Joan W.（2018）. *Gender and the Politics of History*（30th Anniversary Edition）. New York: Columbia University Press. =2022 荻野美穂訳『[30周年版]ジェンダーと歴史学』平凡社

上野千鶴子 1996「差異の政治学」『岩波講座現代社会学 11　ジェンダーの社会学』[上野 2002 収録]

上野千鶴子 2001「女性学の制度化をめぐって」『女性学』9号、日本女性学会

上野千鶴子 2002『差異の政治学』岩波書店／ 2015『差異の政治学』岩波現代文庫

上野千鶴子 2014「男女共同参画とジェンダー研究の近くて遠い関係」『学術の動向』19巻12号、日本学術振興財団

◆ ◆ ◆

女性学からジェンダー研究へ：制度化への道

上野千鶴子

　女性学はパイオニア世代の引退に伴って、世代交替の時期を迎えている。本論文では女性学・ジェンダー研究の歴史をたどりながら、担い手の世代交替とその効果を論じる。女性学はウーマンリブを契機として、キャンパスの外で民間学として始まった。井上輝子が女性学を「女性の・女性による・女性のための研究」と定義したことは、国内で物議を醸した。その後、女性学は女性センター、公民館などの社会教育の場と共に、大学での自主講座、総合講座を経て、学問の分野で市民権を獲得するようになった。その後男性学も誕生し、さらにジェンダー概念が精錬されることによって、より領域横断的な「ジェンダー研究」へと発展するようになった。その過程で大学にも「ジェンダー・セクシュアリティ」を主題とする専門課程が生まれ、講義やゼミが開講され、アカデミアにおける知的再生産のサイクルのうちに制度化されるようになった。わずかとはいえポストがつき、科研費のうちにジェンダー細目が設置され、研究者の養成が可能になった。
　パイオニア世代は運動と接点を持っており、女性学とフェミニズムは車の両輪と考えてきたが、第二世代は学知の再生産の制度のもとで研究者として自己形成をしてきた。さらに第三世代は当事者性にもとづいたアクティビズムとの接点と持つようになった。ジェンダーが領域横断的な概念としてあらゆる学問分野で主流化されるかどうかは今後の課題である。

◆ ◆ ◆

Generational Change in Women's Studies

UENO Chizuko

Women's studies became the generational change, on the retirement of the pioneer generation. This paper argues the change of generations and its impact, tracing back the history of women's studies and gender studies. Women's studies were grown outside of academia along with the women's liberation movement. INOUE Teruko defined women's studies as a study of women, by women, and for women, which caused controversy. Women's studies had been spread in the field of adult education such as women's centers and community centers, and then entered the university curriculum, approved as an academic discipline. Followed by men's studies, women's studies were integrated into transdisciplinary gender studies with a refined definition of gender. In this process, gender studies became institutionalized for specializing gender and sexuality as a reproductive system of academic knowledge, which provided researchers with research funds from the governmental budget as well as academic posts, however small it was.

The pioneer generation considered women's studies as the other side of the coin of feminism, with a connection to activism. The second generation formed their identity as academic researchers in the academic cycle. The third generation is more oriented to main streaming in their disciplines. Though gender becomes an indispensable category of analysis, gender studies are still marginalized in most disciplines.

女性学とジェンダー研究のあいだ
——なにが異なり、なぜすれ違うのか

佐藤文香

はじめに

　シンポジウム「女性学を継承する」の登壇依頼をいただいたとき、即座に「世代」間ギャップについて語りたいと思った。このところ頭を悩ませ続けてきた問題を言語化したい、と思ったのだ。わたしは女性学がジェンダー研究に切り変わっていった1990年代を大学ですごした「狭間」の世代である。院生時代に「ジェンダー研究」専攻だと名乗るのは勇気のいることだった。ジェンダー研究の専任教員として教鞭をとりはじめてからは、自分に世代を繋ぐ責任があると思い続けてきた（佐藤・伊藤編、2017）。その責任をわずかでも果たせるような話が、したかった。

　女性学創設世代の一人である江原由美子は、1988年に「フェミニストの『優等生』化」現象として、「女だけの問題ではなく」「男も含めた皆の問題」を考えようとする動向について書き記している。彼女はこれを「フェミニズムはもう古い」という感覚の一つのあり方と喝破したが（江原、1988、3-4）、そうした感覚は、女性学からジェンダー研究へのシフトを後押しした要因の一つでもあったろう。

　ジェンダーは両性を扱うのだから担い手の性別に固着する必要はないし、共有されるべき理念をあらかじめ設定する必要もない。「狭く偏っていて政治的」に見える「女性の女性による女性のための」女性学を敬遠する研究者たちはこの動きを歓迎した。2000年代初頭、論壇誌では「フェミニズムは終わったか」「フェミニズムは終わらない」といった特集が組まれていたことを思い出す。あの頃のアカデミズムにはこうした空気が確かに漂っていた。

　一方で、女性学からジェンダー研究への移行は、この領域の制度化を加速させた。ジェンダー研究関連で博士号をとる者の数は、2000年代後半には毎年40名以上にのぼっている（佐藤・鈴木、2022、405-406）。学問として地歩を固める過程において、「女」である自身の経験に軸足をおいた女性学のアマチュアリズムは次第に成り立

たなくなっていった*1。

　女性学創設世代にはこの移行に強い違和感を表明した者もいた。井上輝子は最後まで女性学にこだわった一人である。彼女は 1999 年に「女性学はジェンダー研究に解消できるのだろうか」と問い、ノーと答えている。井上にとって、女性学とは「女性の経験の顕在化」「女性の視点からの学問の問い直し」「性差別構造の解明」といったミッションを負うものだった。ジェンダー研究はその一部をカバーできるとしてもそのすべては網羅できない、と彼女は考えていた（井上、1999、27）。背景には、若い世代のあいだで起こりつつあった研究関心の再編があったろう*2。

　だが、ジェンダー研究が制度化されて以降にこの領域に触れてきた若い世代から見れば、井上が女性学の必要性を「女であるというアイデンティティ」や「女性としての経験」と紐付けて語ることは、「なんだか古くさい」とか「本質主義的ではないか」、あるいは「排除的ではないか」と映るかもしれない。本稿では、こうした感覚の違い、世代間ギャップが何に由来しているのかを考えてみたいと思う。

　もちろん、女性学やジェンダー研究との出会い方は個々人によって大きく異なるはずだ。ここでは、便宜的に「世代」という用語を用いているが、年齢が両者をクリアにわける線というわけでもない*3。いつ、どこで、どのように、女性学／ジェンダー研究に出会ったのか、さまざまな要素により幾通りものヴァリエーションがあるだろう。以下では、便宜的に「女性学創設世代」とジェンダー研究への移行を果たしたあとの「ポストジェンダー研究制度化世代」とを際立たせて記述をするが、これらはあくまで理念型である。

I　性現象を捉えるパラダイムの変遷

1　セックス一元論からセックス／ジェンダー二元論へ

　「女性学創設世代」と「ポストジェンダー研究制度化世代」の感覚の違いを考えるにあたっては、わたしたちが性現象を捉える際にどのようなパラダイムにのっとってきたのかを歴史化して考えることが不可欠である。

　まず、女性学もジェンダー研究もまだなかった時代、人々は性をセックスという概念のみで捉えていた。セクソロジーというセックスの科学的研究が支配的だった 19 世紀に、身体的性差は絶対的なものとして君臨した。女性が孕み男性が孕ませるという生殖能力を基盤として、生物学的差異が身体のみならず、性格や行動、社会的役割の違いまでを産み出すとされ、女性の社会的劣位はセックスの違いによって正当化された*4（Hines, 2020, 701）。

　この第一パラダイム「セックス一元論」の時代に対し、ターニングポイントは 1950 年半ばから 60 年代にかけて訪れる。文法用語だったジェンダーを人の性に用

いるようになることで、第二パラダイム「セックス／ジェンダー二元論」の時代が幕開けしたのである。まず、性科学者のジョン・マネーがジェンダー概念を、そして、精神医学者のロバート・ストーラーがジェンダー・アイデンティティ概念を提唱した（須永、2019、99）。

　マネーは当時「インターセックス」と呼ばれていた性分化疾患の人々を中心に、事故によって生殖器を失った患者の治療と研究にもあたっていた。マネーの知見は女性学／ジェンダー研究の礎となるもので、井上のまとめに依拠すると次のようになる。第一に、生物学的に人間の性は厳密に二分されておらず、性染色体の部分欠失や過剰に染色体をもつ人々が少数ではあれ存在していること。第二に、標準の性染色体を有していたとしても、それが自動的に男女の身体的差異や心理的差異を作り出すわけではなく、生殖巣、ホルモン、外部性器等の分岐によってさまざまな性差となること。第三に、人間にとって重要なのはジェンダー・アイデンティティであること。第四に、ジェンダー・アイデンティティは、出生前の要因と出生後の要因の相互作用によって形成されること。第五に、生物学的に決定されている男女の違いは生殖機能のみで、それ以外の能力や役割等は連続的・可変的であること（井上、2006、150-151）。

　マネーによるこうした知見を参照しつつ[*5]、セックスとジェンダーを峻別したのがロバート・ストーラーである。彼は性別違和を抱えたトランスセクシュアルの患者の治療と研究に基づき、セックスに対応する male/female とジェンダーに対応する masculine/feminine を区別した。この再定式化[*6]は、生物学的決定論と切断した形で、男女の社会的・政治的な不平等を分析することに道を開くことになる（Germon, 2009=2012, 131）。

　1970年代には英米のフェミニストがセックスとジェンダーを区別して使いはじめ、セックスは生物学の問題、ジェンダーは文化の問題といった区別が定着していった（須永、2019、99-100）。たとえば、ラディカル・フェミニストとして名高いケイト・ミレットは、『性の政治学』において、男女は社会的環境によって差異ある存在となるのであるから、家父長制的な文化をこそ問題にする必要があるとした（Millett, 1970=1985）。社会学者のアン・オークレーは『主婦の誕生』の中で、タルコット・パーソンズのセックス・ロールを批判し、女性の社会的地位は生物学的に決定されたものではないとして、ジェンダー・ロールを廃絶すべき不平等として俎上にあげた（Oakley, 1974 = 1986, 140-148; 須永、2019、117-118）。

　こうして、「セックス／ジェンダー二元論」の第二パラダイム下において、セックスは生物学的性、ジェンダーは社会的に作り出された性として対置されることになった。ジェンダー概念の登場は、男女の社会的不平等を生物学的宿命とは切り離して論じることを可能にする一方で、セックスの方は不変かつ普遍とされ、不問と

されることになる*7。ここにメスを入れるものとして登場するのが、次の第三パラダイムである。

2　セックス／ジェンダー二元論からジェンダー一元論へ

　第三パラダイムとは、ポスト構造主義のフェミニストたちがジェンダーとセックスの区別を問い直していくことで切り開かれた「ジェンダー一元論」という新たな知のパラダイムであった。まず、1984 年にクリスティーヌ・デルフィが、「セックスがジェンダーを作り出す」のではなく、「ジェンダーがセックスを作り出す」という仮説を提示した*8。フェミニストも含め、多くの人々がこれまでなじんできた第二パラダイムの考え方――「セックスがジェンダーを作り出す」というベクトルを彼女は反転させた。すなわち、「解剖学的差異」それ自体には社会的な意味合いはないのであって、これを社会慣行に適合した区別へと変化させることで「ジェンダーがセックスを作り出す」と述べたのだ（Delphy, 1984 = 1996, 183）。

　デルフィ自身が、実証されるには数年かかるだろう仮説として提示したこの主張は、ポスト構造主義フェミニストのあいだで広がりをみせていく。たとえば、ジョーン・スコットは 1988 年にジェンダーを「肉体的差異に意味を付与する知」と定義した。彼女によれば、ジェンダーは、性差を社会的に組織化するのだが、それは、ジェンダーが男女のあいだにある固定的で自然な肉体的差異を反映しているとか、それを実行に移しているということではない。「性差」なるものは、つねにすでにわたしたちがもつ肉体についての「知」によって把握される社会的なものなのである（Scott, [1988]1999 = [1992]2004, 24-25）。

　スコットの「肉体的差異に意味を付与する知」としてのジェンダーという定義は、第三パラダイムを代表する新たな定義となっていった。そして 1990 年代になると、ジュディス・バトラーによって、セックスとジェンダーの区別に対し廃絶が宣告される。彼女は、セックスの不変性に疑問を投げかけ、ジェンダー同様、セックスもまた社会的に構築されたものであると主張した。「セックスは、つねにすでにジェンダーなのだ」「セックスとジェンダーの区別は、結局、区別などではない」といった言明は、第三パラダイムのラディカルさを極限までおしすすめたものとして繰り返し引用されていく（Butler, 1990 = 1999, 28-29）。デルフィの「仮説」はもはやフェミニズムの聖典として定着し、セックスが言説以前のものであるかのように存在しているとするならば、それはジェンダーという文化的な装置によってそのように構築された結果なのだ、という理解が流通していくことになる。

　こうして、第三パラダイムにおいて、ジェンダーは、セックスとジェンダーの双方を包摂する上位概念としておかれることになった*9。「セックスの社会的構築」というこの立場に賛同するフェミニストたちは*10、第二パラダイムの「セックス／

ジェンダー二元論」を徹底的に解体していくことになる。先ほどのデルフィは 1991 年に、「相変わらずジェンダーは、セックスの観点から考えられ、自然の二分法により決定される社会的な二分法とされている」と不満げに書いた。まるで、ジェンダーは内容で、セックスは容器のようだ。前者は変わりうるし、変わるべきだと考えられているが、後者は自然であり、「揺れ動かないもの」だから、変わりえない——それではいけない、というわけだ。なぜなら、セックスの先行性を認識してしまうかぎり、結局のところセックスをジェンダーの原因とするような理論に与してしまうことになるのだから (Delphy, 1991 = 1998, 45-46)。

リンダ・ニコルソンもこれとよく似た方式で、「コートラック」的見方を退けようとする。これは、身体を「ラック」のようなものと考え、その上にさまざまに異なる文化的人工物であるジェンダーが「コート」のように乗せられているという見方のことだ。ニコルソンはこの「コートラック」的見方を生物学的基盤論と名付け、この見方では生物学的決定論から真の意味で手を切ったことにならない、と述べたのである (Nicholson, 1994 = 1995, 107-108)。

古川直子は、この「コートラック」的見方とは、現在「ラック」として利用されているものがどの社会でも普遍的にジェンダーをのせ続けるに違いないという前提を問うことにこそその意義があったはずだという。にもかかわらず、ニコルソンは、性別の生物学的理解を批判の主眼に据えることで、「ラック」の存在そのもの、すなわち、生物学的基盤としてのセックスの存在を否定することへとスライドしていってしまった (古川、2024a, 40)。実際、ニコルソンは、男女の区別についての通文化的主張の基盤を身体に求めることはできないとして、生物学的基盤論の廃棄を呼びかけている (Nicholson, 1994 = 1995, 110)。

こうして、第三パラダイムは、第二パラダイムの「セックス／ジェンダー二元論」を徹底的に解体していくことになった。セックスという身体を「土台」とするような「生物学的基盤論」からの離脱（ニコルソン）が謳われ、ジェンダーは「肉体的差異に意味を付与する知」（スコット）、「セックスそのものが確立されていく生産装置」（バトラー）として刷新され、「ジェンダーがセックスに先行する」（デルフィ）として、文化や言説に先立つかのように見える生物学的性差という知識もまた、社会的に作られたものなのだから、セックスとジェンダーを「区別」することなどできず、いずれも社会的構築物にすぎないとされることになったのである[*11]。

同時に、染色体や性腺、または解剖学的性が非定型である性分化疾患のような存在をテコとして、男／女の境界の脱構築も進められていくことになった[*12]。二項対立的な性別編成を抑圧と捉える感性と、二元論的な性別カテゴリーからの解放を追求するという志向性はこのようにして育まれていった。北米の大学で発展し 2000 年代までは人文学部における学知として限定されていたこの考え方は、21 世紀初

頭以降、世論や政策立案にグローバルな影響力をもたらすようになっていく[*13]（Sulivan and Todd, 2023, 6）。

　日本でもこうしたパラダイムの移行は明白に観察できる。本邦初の「ジェンダー」と銘打たれたテキスト刊行は1989年の『ジェンダーの社会学』に遡るが、そこでは、「ジェンダー（gender）とは、生物学的な性別を意味するセックス（sex）とは区別された、社会－文化的性別をいう」（江原、1989、i）として、第二パラダイムの「セックス／ジェンダー」二元論に則った説明がなされていた。しかし、2020年代の今日、こうした記述はもはやスタンダードとは言えない。たとえば、2022年に日本発達心理学会が編集した『ジェンダーの発達科学』の序章では、「セックス」とは「1980年代までは、『生物学的性別』を意味し、ヒトは生物学的に男女に二分できると考えられてきた」が、現在では「性別は単純に二分されるものではなく連続体（spectrum：スペクトラム）をなしていると考えられるようになってきた」と記されている[*14]（高橋、2022、3）。

　同じ教科書の別の箇所では、従来「生物学的性別（セックス：sex）」とみなされてきた身体的な特徴から判定される性別は、「出生時に割り当てられた性別（assigned gender at birth）」と表現されるべきものだと説明されている（森山、2022、70）。こうした記述には第三パラダイムがもたらした「セックス／ジェンダー」二元論の廃棄の帰結を見て取ることができるだろう。かつて「生物学的性別」と呼ばれていたものは今や「出生時に割り当てられた性別」なのである。「セックス」の出る幕はない。すべては「ジェンダー」で事足りるのだ。

Ⅱ　世代間ギャップを考える

1　ジェンダーとは？　抑圧とは？　目指す方向とは？

　このように性現象を捉えるパラダイムが大きく変更されたことこそが、女性学創設世代とポストジェンダー研究制度化世代とのあいだのディスコミュニケーションの根本にある、とわたしは考える。両者のジェンダーや抑圧についての考え方、そしてセックスとジェンダーの区別についての理解は大きく異なっているのである[*15]。

　まず、「ジェンダー」とは何か。「第二パラダイム」に依拠してきた女性学創設世代にとって、ジェンダーとは、セックスによって個人を拘束する、社会的・政治的に構築された一連の役割や行動を意味していた。家父長制の下で、男性の女性に対する権力を正当化し、永続させるためにジェンダーは作られ、利用されていると考えられていた。

　だが、「第三パラダイム」に依拠するポストジェンダー研究制度化世代にとって、ジェンダーとは、第一義的には個人の有するアイデンティティである。この世代に

とって、セックスとジェンダー・アイデンティティのあいだに断絶があるのはもちろんのこと、セックスの線引きすら「恣意的」なものと感受されている。彼らは、男であること、女であることは、アイデンティティによって定義されるべきと考えており、生まれたときに「割り当てられた」性別とアイデンティティが食い違うマイノリティの人々を包摂する必要性を重視することになる。

次に「抑圧」とは何か。「第二パラダイム」に依拠した女性学創設世代にとって、ジェンダーの抑圧とは、男女が特定の役割に制限され、かつ、女性が果たすべき役割に低い価値を与えることで、女性が男性に従属させられることを意味する。だから、抑圧に抗するためには、女性が男性の権力を、ひいてはジェンダーのシステム全体を打倒することが目指されることになる。

これに対し、「第三パラダイム」に依拠したポストジェンダー研究制度化世代にとって、抑圧とは、二元的なセックスを基盤にすべての人が男性／女性に同一化を強いられることを意味する。二元的なモデルから外れた人はこの抑圧の最前線にいるのだから、多様なジェンダー・アイデンティティを承認することこそが目指されることになる。

そして、セックスとジェンダーの区別について、「第二パラダイム」に依拠した女性学創設世代はこれを維持しようする。彼女たちは、男性は女性の生殖する身体と労働を横領することを通じて、男女は階層化されていると捉える。このため、セックスの存在を否定することはむしろ変革を妨げ、セックス階級としての女性の物質的な利益とはならないと考える。

一方、「第三パラダイム」に依拠したポストジェンダー研究制度化世代は、セックスとジェンダーの区別を廃棄しようとする。彼らにとって、セックスに基づく二元論は男女を共に抑圧するものであり、ジェンダー・アイデンティティがセックスと異なる人を特に抑圧している。だから、彼らの声を聞き、社会はジェンダー・アイデンティティを基盤に設計され直さなければならない、と考えるのだ。

この「第三パラダイム」の立場からすると、生殖機能を女性の抑圧の中心に据える「第二パラダイム」の見方は、個人の多様性や、歴史・文化の差異をふまえようとしない本質主義的理解に見えている。彼らにとって、脱構築すべきセックス／ジェンダーの境界を、ふたたび強固なものとするかのごとく、出生時に生殖器に基づいて女性とされた者だけを女性とするような狭量な理解は克服すべきものと感受されているのである[*16]。

2 「2つの檻」と4つの解放戦略

ここまで、今日の議論におけるさまざまなすれ違いの根源に存在しているであろう女性学創設世代とポストジェンダー研究制度化世代とのあいだに横たわる認識の

ギャップについてみてきた。それでは、このギャップを架橋していくことはどのように可能だろうか？

両世代にとって最低限一致できそうなスタートラインとして、多くのフェミニストがこれまで依拠してきた「2つの檻」のイメージから出発してみよう。フェミニズムは、生物学的セックスに応じて人々がさまざまな制約を受け、男らしさや女らしさといった規範に抑圧されていることをしばしば、檻のメタファーを用いて表現してきた*17。

「割り当てられた性別」と呼ぶかどうかは別として、わたしたちは生まれたときの性別に基づいて、男か女かいずれかの檻に入れられる。檻の中では、ジェンダー規範に拘束され、生物学的セックスに応じた社会的期待をかけられている。どんな装いをするか、どんな所作をするか、何を職業とするか、何を学ぶか、人とどうかかわるか、誰と付き合うか、どんな趣味をもつか、どんなスポーツをするか——わたしたちのすることやわたしたちのあり方は、この檻によって大きく制約されている。この檻に放り込まれ適合を強いられるのは多くの人々にとって抑圧的なことだろう。

こうして、わたしたちはその外に出たくなる。その経路はさまざまに考えられるが、フェミニスト哲学者のホリー・ローフォード=スミスの論考に基づいて、以下4つの解放の道筋を紹介しよう（Holly Lawford-Smith [2021]2023）*18。

第一に、この窮屈な檻の扉を開けるという道がある。

檻の扉は閉じているよりも開いている世界のほうがよいだろう。扉の閉じた世界において、「女らしい」檻に入れられるしかない生物学的な女性は、扉が開いている世界では、「女らしい」檻に入るか「男らしい」檻に入るかの選択肢を得ることができる。一方の檻から他方の檻に移動ができるし、そのあいだを往来することもできる。檻の扉が開いた世界では、生物学的セックスと「女らしさ」／「男らしさ」は完全に切り離される。これが、いわゆる「トランスジェンダー」路線であるが、経路は他にも考えられる。

第二に、新しい檻を追加するという「第三のジェンダー」路線がある。

新しい檻が追加された世界は、檻が2つしかない世界よりはよいだろう。2つの檻のいずれかにいた人たちは、新しい檻に入るかどうかを選ぶことができる。現時点では「男らしい」檻に入るしかない生物学的な男性は、第3の檻のある世界において、「男らしい」檻を出て新しい檻に入ることを選ぶことができることになる。原理的には、この檻はいくつでも追加することができるが、ある時点で追加された檻は単なる個性のようなものになっていくのかもしれない。

第三に、檻に脱出ハッチをつけるという「ノンバイナリー」路線がある。

檻に脱出ハッチがあれば、その檻を快適でないと思う人はそこを去ることができ

るのだから、脱出ハッチのない世界よりもある世界のほうがよいだろう。脱出することによって、その人はもう一つの別の檻や新しい檻に入るのではなく、檻の中にいないという状態になる。脱出ハッチを選ぶことが誰にとっても可能であるなら、檻の中にとどまる人は自分の意志でそこにいることを選んだ人ということになり、「閉じ込められている」とか「束縛されている」とか「投獄されている」わけではなく、檻は単なる選択肢となる。脱出ハッチを全員が選ぶなら誰も檻の中にいない状態となる。これは檻の解体に等しい。

　最後に、檻を大きくするという「ジェンダー廃止」路線がある。生物学的な男性／女性であることを否認せずにジェンダーを廃止する路線だ。

　檻が大きくなった世界では、特定の生物学的セックスの人の制約が少なくなるわけだから、扉が閉まったままだとしても小さな檻の世界よりもよいだろう。檻の大きくなった世界において、男／女であることの自由度は高くなり、2つの檻が完全に重なり合うほど大きくなれば、檻に入れられることは檻に入れられないことと同じことになる（全世界に壁をめぐらしたとき、そこは刑務所にならない）。生物学的に男性／女性であることで、社会的にかけられる期待が完全に重なり合うとき、檻はなくなったに等しいことになる。

　これら4つの解放戦略とは、むろん、理念型である。実際の戦略は相互に排他的なものではないし、現実の世界ではすべてが機能しうる。そして、それぞれの路線がもたらすコストと恩恵はおかれた立場によって異なることだろう。それでも、こうしたたたき台は、概念の意味を異なって使用する両世代のあいだに共通のイメージをもたせつつ解放の道筋を考えるにあたっては、一つの出発点として十分に機能するはずである。

おわりに

　わたしたちはつねにすでに、意見を異にする多様な人々と共に生きており、これからも生きていかざるを得ない。性にまつわる善の構想はさまざまな幅をもち、だからこそフェミニズムはずっと何が善き生であるのかをめぐって論争を続けてきたのだし、反発も招いてきた。男は男らしく、女は女らしく生きたいと望む人もいれば、ジェンダー規範に苦しんでいる人もいる。セックスゆえに抑圧を受けていると感じている女性もいれば、性別違和からセックスを消去したいと願うトランスの人々もいる。だから、わたしたちは、さまざまな文脈、さまざまな主体を想定し、誰にとってどんなコストがかかるのかを正確に見積もりながら、解放の道筋を考えていく以外にないのだと思う。そのためには、言葉が必要だ。議論が必要だ。

　1992年に江原由美子が「フェミニズムの主張」というシリーズの編纂を開始し

た際、彼女は、学問の世界にフェミニズムの主張への関心をもつ者は多く存在し、フェミニズムに一定の理解を示しつつ、その主張の孕む危険性や可能性について、運動とは違った認識をもっていることに気がついたと記している。フェミニズム擁護のみならず、フェミニズム批判もが同じ「フェミニズムの主張」というタイトルの一冊の本に収録されたこのシリーズを、ポストジェンダー研究制度化世代は、信じがたい思いで眺めるだろうか。だが、彼女の編集意図は明確だ——フェミニズムの問題に対して一つの材料を提供し、議論をより深化させるきっかけにすること。「誰が正しいのか」を決めるよりも、問題に即して議論を尽くすこと。その議論から次の論争が生み出され引き継がれていくのだ（江原、1992、iii-iv）。

わたしはこれこそ、「女性学を継承する」者として引き継がねばならないスピリットであると考える。わたしたちは、たとえどんなに困難であっても言葉を尽くし、議論を交わすことが必要だ。わたしたちのものの見方は否応なくおかれている位置によって規定されている。だからこそ、それぞれのおかれた位置から見える世界を、それぞれの現象がどのように見えているかということを議論しなければならないだろう。女性学も、ジェンダー研究も、そして、フェミニズムも、そのようなぶつかりあいの中からしか進化してこなかったのだから。

註

*1 上野千鶴子は女性学の制度化に伴う問題群を、専門知と日常知の乖離、既存のディシプリンへの回収およびディシプリン内ゲットー化、学問の動機づけと経験の世代間格差にまとめているが、その多くはジェンダー研究にも当てはまる（上野、2002、113-115）。

*2 たとえば、日本社会学会大会における「性・ジェンダー」部会では、「家族」「労働」関連の報告が激減し、セクシュアリティ研究やジェンダーマイノリティの研究を含む「性」関連の報告が増大していった（佐藤・鈴木、2022、406-408）。

*3 年齢が境界線にならないことは、シンポジウムでのわたしと上野とのディスコミュニケーションからも明らかだった。私見では上野は「女性学創設世代」ではあるが「ポストジェンダー研究制度化世代」の感性を準備することにおおいに貢献した論者の一人である。

*4 このように男女が二項対立的に把握され、差異が強調される一方で、二項対立の外側にある身体とアイデンティティの可視化と病理化が進行していった（Hines, 2020, 701）。

*5 ジェニファー・ジャーモンによると、マネーには、ジェンダーを生物学的な性別と対比したり、社会的・文化的な可変性・流動性を主張したりする発想はなかった。彼が目指したのは、ジェンダー・アイデンティティおよびジェンダー・ロールをしっかり獲得させること、そして外科的処置も含め、生物学的性別をこれに適合させることであった（Germon, 2009=2012）。訳者解説も参照のこと。

*6 ストーラーは、セックスとジェンダーを分離しただけでなく、生物学的含意をもつセックス概念を忌避し、思考、行動、人格のような心理学的現象をセックスとは完全に独立したものとして示した（Germon, 2009=2012, 130-131）。

*7 たとえば、「人は女に生まれるのではない、女になるのだ」としたシモーヌ・ド・ボーヴォワールも、生物学的性差自体は自明の前提と扱った上で、環境要因と絶えず自身を作り変える人間の実存を重視したのである（加藤、2019、133）。

*8 デルフィは、「ジェンダー」を生物学的側面から分離するだけでは不徹底であり、男女の「役割」が社会に応じて変化することを認めながらも、性的分割という基盤そのものを不変としていることを問題にした（Delphy, 1984=1996, 15-16）。

*9 古川直子は、バトラーの議論には、①文化に先立つ自然な身体が存在しないと主張しつつそれを想定しているという矛盾、②セックスという観念が身体的特徴を人工的に統一するかのような非科学的な仮定、③非典型例である性分化疾患を利用しつつ２つの性分化については無視するという生物学的言説の取捨選択という問題のあることを指摘している（古川、2023、131）。

*10 一見突飛にも思える「セックスの社会的構築」だが、多くのジェンダー研究者のあいだでは、トマス・W・ラカーの『セックスの発明』のような研究を参照することで、ごく自然に受け止められていった。ラカーによれば、古代以来、男性を基本形とし、女性をその変種であり劣化版とするような「ワンセックスモデル」は、18世紀頃から男女の身体の差異を強調・自然化する「ツーセックスモデル」へと変化した（Laqueur, 1990=1998）。このように、セックスの「認識」もまた社会的に変遷していったのだという穏当な話は、しばしば「認識」のレベルをふみこえて、男女という二つの性別の「存在」それ自体が人為によって「構築された」という話にすり替わりがちであったと言えよう。

*11 古川は現在、日本でもっとも精力的かつ精緻にジェンダー概念の批判的検討を行っている研究者である。彼女は、ジェンダー概念の導入による「性別の社会的構築」論を、次の３段階に分けて整理している。①性別と役割・資質が社会・文化により人工的に結びつけられているという内容を問う、②性別を中心として役割・資質が編成されているという形式を問う、③セックスの解体を目指す。生物学的事実の実在を認めない③は、事実と解釈の人工的結びつきや恣意性を解きほぐす①②と同時には成り立たない。古川は、③への移行、すなわち本稿でいうところの第二パラダイムから第三パラダイムへの移行について、生物学的決定論へのラディカルな批判から不必要な一歩をふみ出したものと捉え、これによって生殖機能にかかわる身体的形質が社会的に意義を帯びるという普遍性を問うポテンシャルを切り崩してしまったと論じている（古川、2024a、46-48）。同じ問題意識から性別二元論批判を再考し、日本での展開も追った古川（2024b）をあわせて参照のこと。

*12 紙幅の都合により、キャスリン・ストックの第一章を参照せよ（Stock, 2021=2024）。

*13 女性は特定のスペースやサービス、その他の設備を利用する権利をもつとするような主張は、男女の二元論を強化し、ジェンダー・アイデンティティが生物学的セックスと一致するシスジェンダーの人々を特権化する「差別的主張」と考えられるにいたっている。また、性的少数者の苦痛に配慮して性別欄を廃止したり、性別データの収集をジェンダー・アイデンティティで置き換えたりといった動きもはじまっている（Sullivan et al., 2023）。

*14 このラインに沿った説明は、自然科学の一般向け記事や書物にも散見される。例として https://www.natureasia.com/ja-jp/ndigest/v12/n5/揺れる性別の境界/62908。

*15 以下の整理は、Cameron and Scanlon (2010)、Hines (2020)、Sullivan and Todd (2023)、Jones (2023) に示唆を得たものである。

*16 キャスリン・ジェンキンズが、「女性」の定義を、生殖機能に基づく階級としての女性と、ジェンダー・アイデンティティに基づく女性に区分して考察し、トランス女性を包摂しうる後者

に対し、前者の定義を排除的であると診断したのもこの枠組みで理解できる（Jenkins, 2016=2022）。そして、この立場から見るなら、トランス女性の排除とは、支配的な女性がフェミニズムを排他的に独占しようとしてきた悪しき伝統の最新事例ということになる（Hines, 2020, 708）。

＊17　古くはメアリー・ウルストンクラフト、第二波フェミニストでは、シュラミス・ファイアストーンやマリリン・フライがあげられる（Lawford-Smith, [2021]2023, 3）。

＊18　日本でもこの手の考察は前世紀にいくつかなされている。たとえば、社会学者の土場学は、フェミニズムの解放のパラダイムを差異の統一化、分断化、相対化という3つに区分して論じた。中でも、差異の生成によって閉塞を突破しようとする相対化の方向性について、ジェンダーからの解放のパラダイムとしての本来の目的を喪失するものであると予言した考察は興味深い（土場、1998、312）。

参考文献

Butler, Judith. (1990). *Gender Trouble: Feminism and the Subversion of Identity*, New York & London: Routledge,（バトラー，ジュディス著、竹村和子訳、1999、『ジェンダー・トラブル――フェミニズムとアイデンティティの攪乱』青土社）

Cameron, Debbie, and Joan Scanlon. (2010). "Talking about Gender," *Trouble and Strife*, https://www.troubleandstrife.org/new-articles/talking-about-gender/

Delphy, Christine (Diana Leonard translated and edited). (1984). *Close to Home: A Materialist Analysis of Women's Oppression*, University of Massachusetts Press,（デルフィ，クリスティーヌ著、井上たか子・加藤康子・杉藤雅子訳、1996、『なにが女性の主要な敵なのか――ラディカル・唯物論的分析』勁草書房）

Delphy, Christine. (1991). "Penser le genre: quells problèmes?" in Marie-Claud Hurtig, Michèle Kail & Hélène Rouch (éds.) *Sexe et genre : de la hiérarchie entre les sexes*, éd. Du CNRS,（デルフィ，クリスティーヌ著、杉藤雅子訳、1998、「ジェンダーについて考える――なにが問題なのか」棚沢直子編『女たちのフランス思想』勁草書房、39-63.）

土場学、1998、「ジェンダー研究と解放のパラダイム」『社会学評論』49巻2号、302-317.

江原由美子、1988、『フェミニズムと権力作用』勁草書房

江原由美子、1989、「はじめに」江原由美子・長谷川公一・山田昌弘・天木志保美・安川一・伊藤るり『ジェンダーの社会学――女たち／男たちの世界』新曜社、i-ii.

江原由美子、1992、「はじめに」『フェミニズムの主張』勁草書房、i-iv.

古川直子、2023、「『セックス』はフィクションか？――J・バトラーとフランス唯物論フェミニズム」『日仏社会学年報』34号、117-135.

古川直子、2024a、「『セックスもまたジェンダーである』のか？――ポスト構造主義フェミニズムにおけるジェンダー概念再考に向けて」『ジェンダー研究』26号、27-51.

古川直子、2024b、「性別二元論批判を問いなおす――性別に言論批判は何を見落としてきたのか」『社会学史研究』46号、77-95.

Germon, Jeniffer. (2009). *Gender: A Genealogy of an Idea*, Palgrave Macmillan,（ジャーモンジェニファー著、左古輝人訳、2012、『ジェンダーの系譜学』法政大学出版局）

Hines, Sally. (2020). "Sex Wars and (Trans) Gender Panics: Identity and Body Politics in Contemporary UK Feminism," *The Sociological Review Monographs*, Vol.68, No. 4, 699-717.

井上輝子、1999、「女性学のセカンドステージとジェンダー研究——女性学の再構築に向けて」『女性学研究』5号、20-30.

井上輝子、2006、「女性学にとってのミードとマネー」『女性学』13号、148-155.

Jenkins, Katharine. (2016). "Amelioration and Inclusion: Gender Identity and the Concept of Woman," *Ethics*, Vol.126, No. 2, 394-421,（ジェンキンズ，キャスリン著、渡辺一暁訳、2022、「改良して包摂する——ジェンダー・アイデンティティと女性という概念」『分析フェミニズム基本論文集』慶應義塾大学出版会、45-84.）

Jones, Jane Clare, 2023, "The History of Sex: Sex Denial and Gender Identity Ideology" in Alice Sullivan and Selina Todd (eds.) *Sex and Gender: A Contemporary Reader*, Routledge, 69-85.

加藤秀一、2019、「ジェンダー論と生物学——永続する闘争か？」江原由美子・加藤秀一・佐古輝人・三部倫子・須永将史・林原玲洋『争点としてのジェンダー——交錯する科学・社会・政治』ハーベスト社、129-173.

Laqueur, Thomas Walter. (1990). *Making SEX: Body and Gender from the Greeks to Freud*, Harvard University Press,（ラカー，トマス著、高井宏子・細谷等訳、1998、『セックスの発明——性差の観念史と解剖学のアポリア』工作舎）

Lawford-Smith, Holly. ([2021]2023). "Ending Sex-Based Oppression: Transitional Pathways" in *Sex Matters: Essays in Gender-Critical Philosophy*, Oxford University Press, 3-29.

Millett, Kate. (1970). *Sexual Politics*, Doubleday & Company Inc,（ミレット，ケイト著、藤枝澪子・加地永都子・滝沢海南子・横山貞子訳、1985、『性の政治学』ドメス出版）

森山至貴、2022、「性的少数者」日本発達心理学会編『ジェンダーの発達科学』新曜社、68-81.

Nicholson, Linda. (1994). "Interpreting Gender," *Signs: Journal of Women in Culture and Society*, The University of Chicago, Vol. 20, No.1,（ニコルソン，リンダ著、荻野美穂訳、1995、「＜ジェンダー＞を解読する」『思想』853号、103-134.）

Oakley, Ann. (1974). *Housewife*, A. La,（オークレー，アン著、岡島茅花訳、1986、『主婦の誕生』三省堂）

佐藤文香・伊藤るり編、2017、『ジェンダー研究を継承する』人文書院

佐藤文香・鈴木江理子、2022、「公募特集『ジェンダー研究の挑戦——その成果と課題』によせて」『社会学評論』72巻4号、404-415.

Scott, Joan Wallach. ([1988]1999). *Gender and the Politics of History*, Revised Edition, Columbia University Press,（スコット，ジョーン・W、荻野美穂訳、[1992]2004、『増補新版 ジェンダーと歴史学』平凡社）

Stock, Kathleen. (2021). *Material Girls: Why Reality Matters for Feminism*, Fleet,（ストック，キャスリン著、中里見博訳、2024、『マテリアル・ガールズ——フェミニズムにとって現実はなぜ重要か』慶應義塾大学出版会）

Sullivan, Alice and Selina Todd. (2023). "Introduction", in Alice Sullivan and Selina Todd (eds.) *Sex and Gender: A Contemporary Reader*, Routledge, 1-15.

Sullivan, Alice, Kath Murray and Lisa Mackenzie. (2023). "Why Do We Need Data on Sex?", in Alice Sullivan and Selina Todd (eds.) *Sex and Gender: A Contemporary Reader*, Routledge, 104-124.

須永将史、2019、「学的概念としてのジェンダーはどのように組織化されたか」江原由美子・加藤秀一・佐古輝人・三部倫子・須永将史・林原玲洋『争点としてのジェンダー——交錯する科学・社会・政治』ハーベスト社、99-127.

高橋恵子、2022、「ジェンダーの発達科学と課題」日本発達心理学会編『ジェンダーの発達科学』新曜社、1-16.
上野千鶴子、2002、「女性学の制度化をめぐって」『女性学』9号、106-117.

女性学とジェンダー研究のあいだ
——なにが異なり、なぜすれ違うのか

佐藤文香

　シンポジウム「女性学を継承する」の報告をもとに、本稿は、ジェンダー研究が制度化の道を歩み始めた1990年代を大学のキャンパスで過ごした世代として、女性学創設世代とポスト・ジェンダー研究制度化世代とのあいだにある認識のギャップの架橋を試みる。
　両世代の感覚の違いを考えるにあたっては、性現象をとらえるパラダイムを歴史化して考えることが不可欠である。本稿ではまず、このパラダイムを、(1)セックス一元論、(2)セックス／ジェンダー二元論、(3)ジェンダー一元論の3つに区分して概観した。このパラダイムをベースとすることで、両世代のあいだで、ジェンダー、抑圧、目指す方向についての考え方が大きく異なっていることを示し、その認識ギャップを架橋するために「2つの檻」と4つの解放戦略のイメージを提起した。
　最後に、「女性学を継承する」わたしたちはたとえどんなに困難であっても言葉を尽くし、議論を交わすべきだと主張した。わたしたちのものの見方はおかれている位置によって規定されており、だからこそ、各々の視界の限界を見定めながら見解を交わしあうことが不可欠であることを確認し、結論とした。

◆ ◆ ◆

Between Women's and Gender Studies: What Differentiates Them, and Why Do They Diverge?

SATO Fumika

Based on a report from the symposium "Inheriting Women's Studies," this paper, written from the perspective of the in-between generation, attempts to bridge a perception gap between the founding generation of women's studies and the generation of post-gender studies institutionalization.

To understand the differences in perception between these two generations, it is crucial to historicize the paradigms through which sex and gender are understood. This paper traces three key paradigms: (1) sex monism, (2) sex/gender dualism, and (3) gender monism. By explicating these paradigms, the paper illustrates that the two generations hold significantly different views on gender, oppression, and goals for liberation. To bridge this perceptual gap, the paper introduces the image of "two cages" and outlines four strategies for liberation.

In conclusion, the paper argues that those who "inherit women's studies" must engage in dialogue and discussion, no matter how challenging. It emphasizes the point that our perspectives are shaped by the positions we occupy, and therefore, it is essential to exchange views while recognizing the limitations of each perspective.

ディスカッサント　1

加藤秀一

　以下は、シンポジウム当日にお話ししようと思っていながら、まったく中途半端に終わってしまったことの概要である。上野氏・佐藤氏の講演をめぐって議論すべきことの広がりの一端を示すことができればよいと思う。なお、便宜上二つのテーマを分けて論じているが、両者は不可分であることを強調しておきたい。

1　「女性学」およびそれを「継承」するということについて

　私自身は、自分のやっていることを「女性学」と呼ぶことを選ばなかった。その理由はいろいろあるが、結局は自分自身がいかなる意味でも男性でしかないということに尽きる。ただし、Women's Studies やそれをふまえて井上輝子氏が提唱した女性学という概念の意義は理解してきたつもりだし、その旗を掲げることに反対したかったわけではない。ただそれは自分にはできないし、やるべきでもないと思っただけだ。したがって私は「女性学」そのものを継承してきたとは言えないが、しかしその旗の下に集う人々の言語活動から計り知れないほど多くのことを学んできたことは疑いないのだから、その意味で女性学の継承者の一人であることを積極的に認めたい。

　私が女性学から学んだこと——その核心を短く言えば、「世界を別様に見る」姿勢に他ならない。何やら神秘主義めいた感じもする表現だが、それを避けて言い換えれば、さまざまな行為や出来事に別の記述を与えること、その可能性を広げることである。たとえば、「セックス」を「性暴力」として再記述すること。それは対象となる出来事を、性犯罪加害者（現実には男性と呼ばれる集団と大きく重なる）ではなく、かれらが攻撃のターゲットとして定める蓋然性の高い人々（現実的には女性と呼ばれる集団と大きく重なる）の視点から視ることによってはじめて可能になる別の記述の一例である。

　視点は（潜在的なものも含めれば）つねに複数あり、記述のあり方は視点に相対的であるから、同じ対象に関する記述もつねに複数ある。全体的ないし包括的な視

点といったものは空虚な虚構であり、特定の視点を特権化するための政治的レトリックでしかない。たとえばフェミニズムとは、女性／男性という抽象的な区別——そのそれぞれの項が具体的にどのような人々を指すかは別の水準の問題である——を前提とし、その上で女性の視点という一つの限定的な視点から世界を視る方法である。当然、それは原理的に、どこまでも偏った見方に過ぎないのだが、他のそれぞれに偏った記述——しかも「全体性」や「包括性」、あるいは「中立性」や「客観性」を僭称する——によって塗り込められた世界像を変更しうるのである。逆にそれができない、あるいはすべきでないこととは、フェミニズムの——同じように、労働者、黒人、第三世界、被害者、同性愛者、トランスジェンダー、障害者等々の——視点こそが全体を見渡す特権的な視点だと僭称することである（いわゆる「インターセクショナリティ」の概念は、一方では政治的流行としてそのような僭称に加担する危険もあるが、真面目に用いられるならば逆にそれを暴くことに貢献しうるだろう）。

むろんこんなことは新しい主張でも何でもなく、たとえば上野氏がとりわけその言論活動の初期に強調していたことを基本的には同じであろう（さらに遡れば、マルクス『ドイツ・イデオロギー』に対する数々の批判に到り着くかもしれない）。しかしここでは、もう少し議論を精緻にしてみたい。女性の視点に対置される他の視点という表現は二つの意味をもちうる。一つは、女性／男性という区別（対立軸）を前提とした上での、女性の視点に対する男性の視点である。もう一つは、前提となる区別（対立軸）自体という一段高階の水準における他の区別（対立軸）という意味である。具体的には、たとえば労働者／資本家、黒人／白人、障害者／健常者、同性愛者／異性愛者、トランスジェンダー／シスジェンダー等々の区別である（なお、ここで後二者の対立軸と女性／男性という対立軸が直交していないように感じた人は、これらが抽象のためのカテゴリーであることを忘れている）。この二つの相異なる水準のどちらの意味においても、一つの視点から開ける視界はつねに偏っている。

したがって、一つの視点から見える差別を糾弾する人が別の視点からは差別する側に属するということに論理的な矛盾があるわけではない（ので、現実にもある）。性差別に反対する人は他のあらゆる差別にも反対すべきだといった主張は、道徳的にはもっともな主張であるが、それが有意義な主張であるのも、現実はそうなっていないからである。私自身の乏しい経験の中でも、障害者を見下すフェミニスト、女性蔑視を隠さない社会主義者や反人種差別主義者、生活保護受給者を罵るトランスジェンダー等々、さまざまな実例を見てきた。このように気の滅入る状況を乗り越えてゆくために、ありもしない包括的な視点なるものに訴えかけること（それはむしろ暴力の最も巧妙な計略ですらあるだろう）ができないとしたら、できるのは

ただ、それぞれに偏った視点に立つ者たちが、各々の偏りを自覚しつつ、対話を通じて多面的な認識を形成していくことだけである。この今ではありふれたものと言える結論がつまらないものに見えるとしたら、それはなぜか。男に救えない世界は女にも救えないし、フェミニズムに救えない世界はBLM運動にも反グローバル運動にもトランスジェンダリズムにも救えない。だがそこに一方的な糾弾や言論の覇権争いではない対話があるならば――何と苛酷な課題だろう――、もしかしたら我々は、誰にとっても大いに不満の残る、しかし嫌々ながら一応は受け入れられる、そんな可能な限り最高の世界を手に入れることができるかもしれない。

2 セックスとジェンダーという用語について

性別すなわち女性／男性という区別は、人びとが日常世界において自明の前提としている区別、すなわちN・ルーマンの言うファースト・オーダーの観察にもとづく区別である。そのような区別が成立し、共有された規範となるには歴史的な経緯があるが、そのことが見えるのは、その観察についての観察、すなわちセカンド・オーダーの観察によってである。そもそも性別とは何なのかといった問いを差し向けられたときに、人びとは性別の根拠あるいは由来について初めて考えることを強いられる。

そうした新たな高階の観察を通じて見出された答えは、既存の性別の概念およびそれに関連する規範を正当化＝強化することもあれば、ファースト・オーダーの観察のあり方を変化させ、「男」「女」といった記号の用法を変化させるように働くこともある。実際には、きわめて粗雑な言い方だが、これらの記号は生殖機能・器官の差異に強固に結びつけられてきた。種という集団レベルに関説する生物学の物言いでは、要するに卵を作る個体がメスであり、精子をつくる個体がオスとされる。そしてこのような定義に生物学の専門家ではない広範な人びとも概ね納得するという事実は、女性／男性という社会的区別がメス／オスという生物学的区別に概ね還元されるという事態を反映している。いや、正確にはむしろ逆で、セカンド・オーダーの観察としての生物学という営みは、いわゆる自然言語レベルに表現されるファースト・オーダーの観察に寄生してのみ成立するのだから、両者の間に根本的なずれがないことは当然であろう。生物学者たちがある日突然「性別を利き腕の差異によって定義することにした」と宣言してもおそらく不発に終わるだろう。

記号としての性別と生殖機能・器官という物質的実在との間のこのような結びつきは、完全に恣意的なものではなく、進化的必然性によって規定されている。すなわち、ヒトが有性生殖する生物種であり、それによってそもそも現在のような仕方で存在している限り、生殖＝次世代の産出を帰結する個体同士のペアがそれぞれに

備える相異なる属性を指し示す何らかの記号が要請されるはずである。だがこのことは、そこで「女」「男」といった記号が維持される必然性を意味しない。逆に言えば、「女」「男」という記号の用い方、すなわち各個体への割り当て方は——そうした割り当て自体を全否定すること（gender abolitionism）も含めて——生殖機能・器官の差異とは無関係でありうる。我々は、右利きの人を女性、左利きの人を男性と呼ぶこともできるし、遺伝子や生殖機能や社会的役割を離れ自己申告のみに基づいて当人の性別を定めることもできるのである。だが一切は、良し悪しは別としてなぜか人々に二項的性別を割り当てることが規範化している世界の内部で行われることであり、そしてそのこと自体を全否定しないのならば、現実的に可能な割り当て方は限定されるし、望ましい割り当て方はさらに限定されるだろう。具体的にどのような割り当て方が望ましいのかについて、自明な解答はない。ここでも相異なる意見の持ち主同士による、時に消耗きわまりない対話の継続を通じて、少しずつ合意に達するしかないだろう。つけ加えておけば、何らかの生物学的基準に従って人間をカテゴライズすることはつねに可能であり、おそらく必要である。そのような基準を「セックス」と呼ぶか「生物学的ジェンダー」とでも呼ぶかは好みの問題にすぎない。「ジェンダー」を用いれば一切が社会的に構築された——この、やたらと人口に膾炙した言い回しの意味が、私には未だによくわからないのだが——ことになるわけではないし、「セックス」を用いたからといって人間の実態が我々の認識作用と無関係なものになるわけではない。

3 補遺——「差別」について

シンポジウムのテーマに即して準備しておいた内容はおよそ以上の通りだが、当日は上野・佐藤両氏、とりわけ後者の講演への応答として、「差別」の概念をめぐる「朝田理論」について簡単に述べた。朝田理論とは、部落解放同盟の中央執行委員長だった朝田善之助氏が1950年代以降に主張した「日常部落に生起する、部落にとって、部落民にとって不利益な問題は一切差別である」というテーゼである。それがその後1970年代に至るまで、いかに部落解放運動を鼓舞し、かつ深く堕落させたかについては、藤田敬一氏の名著『同和はこわい考——地対協を批判する』（阿吽社、1987）がくわしい。ここで、ジェンダーやフェミニズムの話をしているのになぜ部落解放が出てくるのかという疑問を抱いた人は、私たちがどのようにして反差別の実践・思想を深化させてきたかという歴史を忘れているのだろう。近年、ジェンダー問題——だけではない——をめぐって横行していることの一部、たとえば他人に対して「差別者」というレッテルを易々と貼りつけることや、対話や議論を拒絶する糾弾主義・キャンセル主義のたぐいは、私には、藤田氏が前掲書で情理を尽

くした考察の末にたぐりよせた、「差別・被差別関係総体の止揚に向けた『具体的で、緊張にみちた共同の闘い』」という展望を蔑するものであり、朝田理論以前への後退であるように思われる。そのことを改めて想起しておきたかった。

ディスカッサント　1

加藤秀一

　私が女性学から学んだことは、「世界を別様に見る」姿勢、言い換えれば、さまざまな行為や出来事に別の記述を与えることである。たとえば、「セックス」を「性暴力」として再記述すること。それによって従来の見方の偏りを照らし出すことができる。だがここで注意すべきは、同じ対象に対する視点は（潜在的なものも含めれば）つねに複数あり、全体的ないし包括的な視点といったものは特定の視点を特権化するための政治的レトリックでしかないということだ。このことは、フェミニズムだけでなく、あらゆる社会運動・政治運動に等しく当てはまる。重要なのは、それぞれの視点がおのれの偏りを自覚し、他の視点に立つ人々との対話という厄介きわまりない作業を継続することである。一見、高度に「理論的」なものにすぎないように見える問題も、現実にはこのような対話の賭け金になることがある。セックス／ジェンダーという概念の定義、また「女」「男」という記号の用法といった問題はまさにそうした事例の一つである。この問題に自明に正しい解答はなく、対話と論争を通じて共通見解を形成してゆくしかない。

◆ ◆ ◆

Discussant 1

KATO Shuichi

What I've learned from Josei-gaku (women's studies) is how to "see the world differently," or, in other words, provide alternative descriptions to various actions and events in the world. For instance, re-describing "sex" as "sexual violence" can illuminate biases inherent in traditional perspectives. It is essential to recognize, however, that there are always multiple perspectives on any given subject, and any claim to a comprehensive or inclusive viewpoint is merely political rhetoric intended to privilege a particular perspective. This idea applies not only to feminism but equally to all social and political movements. What matters is that each perspective remains aware of its own biases and persistently engages in the challenging task of dialogue with those holding different views. And issues that might seem purely "theoretical" at first glance often play a crucial role in this dialogue. Defining concepts like sex and gender or determining how symbols like "woman" and "man" are used are prime examples of such issues. There is no self-evidently correct answer to these questions; the only way forward is to build common ground through ongoing dialogue and debate.

ディスカッサント　2

古川直子

　性別が人種や階級と同種の社会集団であるという洞察は、第二波フェミニズムの重要な貢献である。日本における女性学も、この洞察を出発点として展開されてきた。上野氏の講演は、この流れを同時代史として生き生きと描き出すものであった。ジェンダー研究のディシプリンとしての確立は、「女性の経験」に依拠した当事者研究としての女性学の性質を希薄化した。上野氏が指摘されたように、それは当該領域にさまざまな功罪をもたらした。

　佐藤氏の講演は、そのなかで生じた認識のズレを鋭く指摘するものであった。佐藤氏によれば、セックス一元論（第一パラダイム）→セックス／ジェンダー二元論（第二パラダイム）→ジェンダー一元論（第三パラダイム）という理論的展開があり、女性学創設世代は第二パラダイム、ジェンダー研究制度化以後の世代は第三パラダイムに該当する。第二パラダイムにおいて、ジェンダーとは男女間の階層秩序であった。一方、第三パラダイムにおいて、ジェンダーとは多様なアイデンティティを指す語となる。

　佐藤氏によれば、この現状において次の四つのアプローチが提起されている。二つの「檻」としてのジェンダーに対して、(1)檻の扉を開ける「トランスジェンダー」路線（2つのジェンダーの間を行き来する）、(2)新しい檻を追加する「第三のジェンダー」路線（第三のジェンダー・カテゴリーを選ぶ）、(3)檻に脱出ハッチをつける「ノンバイナリー」路線（二元論的でないジェンダーを選ぶ）、(4)檻を大きくする「ジェンダー廃止」路線（生物学的な男／女であることを否認せずにジェンダーを拒否する）である。

　上野氏と佐藤氏の議論を踏まえて筆者なりに整理するなら、フェミニズムの焦点は階層秩序としてのジェンダー（第二パラダイム）から、性別二元論批判（第三パラダイム）へとシフトしたということになる。両氏の講演に対する筆者のコメントは、次の2点に関わるものであった。ひとつは性別二元論批判の限界、二つ目は「ジェンダーのない社会」というヴィジョンの行方である。

　まず一点目について。佐藤氏の檻のメタファーにおいて(1)(2)(3)の路線は、現在主

流のポスト構造主義フェミニズム(「第三パラダイム」)の立場から性別二元論を乗り越えるために提起されてきたものである。しかし、もしジェンダーが「身分」や「階級」のような序列をともなう社会集団であるなら、これらの方策はすべて意味をなさない。まず、「身分」や「階級」の数を増やして解決する問題とは一体何なのか。また、集団間に序列がある限り、仕切りを外して「自由に行き来」できるのは上位集団の人間のみである。この場合、上から下へは降りられるが、下から上へは上がれないということになるはずだからである。同じく序列がある限り、上の身分と下の身分の人間が同じ動機で自分の生まれついた集団の外に出て、出た先で同じ扱いを受けるなどということはあり得ない。

なぜ性別二元論批判は、つねにジェンダーをフラットなカテゴリーであるかのように扱い続けるのか。性別二元論批判と、階層秩序としてのジェンダーを問うというアプローチには、何か根本的に折り合わないものがあるのではないか。これが筆者の一点目の問いかけであった。

第二の論点は、「ジェンダーのない社会」を目指すというフェミニズムのヴィジョンが、なぜ失われたのかという疑問である。ジェンダーは階層秩序をなす社会集団であり、身分制度であるというのが、第二波フェミニズムの洞察であった。この立場からは当然、ジェンダーという身分制度のない社会を求める動きが生じてくる。しかし、現在このヴィジョンはほとんど顧みられることがない。

現在のフェミニズムにおいて支配的なヴィジョンとは、多様なジェンダーが平等に並び立つ世界である。「自分の性別を自分で選ぶ」自由こそが求められるのである。自分の望むジェンダーで生きたい人びと、性別役割分業を肯定する人びとにとって、この世界はたしかに理想である。「ジェンダーへの自由」は、このヴィジョンにおいて十分に保障される。しかし、「ジェンダーからの自由」はそうではない。

ジェンダーが社会規範として存在する限り、それはすべての人びとを問答無用で縛りつける。社会規範とはその定義からして、引き受けるかどうかを自分で選べるものではないからである。そして、そもそも性別という生物学的事実と特定の生き方を関連づけること自体がおかしいという指摘は、このヴィジョンにおいて等閑視されている。

このように、「ジェンダーのある社会」においては、「ジェンダーからの自由」が十分に保障されない。一方、「ジェンダーのない社会」において、「女らしく」生きたい女性や「男らしく」生きたい男性は、個人の信念として性別役割分業を選べばよい。「自分の性別を自分らしく生きる」自由を求める人びとについても、同じである。こう考えるなら、「ジェンダーへの自由」と「ジェンダーからの自由」を同時に実現する道は、本来「ジェンダーのない社会」でしかありえないのではないか。これが二点目の問いかけであった。

これらの質問に対して、上野氏から明快なご回答をいただいた。すなわち、ジェンダーとは権力概念であり、アイデンティティには還元できない。「ジェンダーへの自由」と「ジェンダーからの自由」は両立しない。奴隷になる自由を認めるなどというのは似非リベラリズムである、と。この指摘において、上野氏はフェミニズムが「ジェンダーのない社会」を志向するものであるという立場を明確に示された。この上野氏の姿勢に、筆者もまったく同意する。上野氏の「奴隷」という比喩を借りるなら、奴隷（女性）であることを望む人間が存在するという理由で、奴隷制（ジェンダー）を維持するわけにはいかないのである。

　上野氏の用いた奴隷という比喩は、正しく第二パラダイムのものであって、第三パラダイムにはなじまない。第二パラダイムにおいて「女性」とは、（「奴隷」と同じく）何人たりともそこに含まれてはならないようなカテゴリーであった。この立場によれば、女性らしさとは奴隷らしさのことである。それは、社会的に劣位に置かれた人間がその無力さゆえに身につけた特性のことだからである。しかし、第三パラダイムはセックスとジェンダー・アイデンティティの独立性を強調することで、この洞察を根底から覆す。そこで女性らしさとはもはや社会的劣位の効果ではなく、多種多様な「性表現」の一種となるのである。

　佐藤氏が指摘された第二パラダイムと第三パラダイムの断絶が十分に認識されてこなかったことは、性別二元論批判が階層秩序としてのジェンダーについての洞察を引き継いでいるかのような誤解を生んだ。第三パラダイムが第二パラダイムの延長線上に位置づけられるなら、性別二元論批判はジェンダーの階層性についての指摘を前提として含んでいるということになる。性別二元論を批判すれば、ジェンダーの階層性についても自動的に語ったことになるというわけである。しかし、これは事実ではない。2というジェンダーのカテゴリーの数を問題とすることは、むしろカテゴリー間のヒエラルキーを隠蔽してきたとすら言える。

　性別が人種や階級と同種の社会集団であるという洞察は、いまや危機に瀕しつつある。「黒人」や「労働者」というマイノリティ集団への帰属が、アイデンティティを基準に決まるという主張が認められたことはない。にもかかわらず、「女性」がアイデンティティを基準とする「インクルーシブな」カテゴリーであるべきだという主張は、多様性の名の下に歓迎されている。この事実のもつ意味を、われわれは立ち止まってよく考えるべきである。たとえば、資本家が本人のアイデンティティを基準に労働者と見なされる社会において、階級対立という概念はもはや意味をなさない。被抑圧集団をアイデンティティ・ベースのカテゴリーへと作りかえることは、ヒエラルキーについての指摘を無効化するうえで最上の手段なのである。

　女性差別は人種差別や階級差別のような「真っ当な」差別問題ではないという当時の通念に対する批判として、第二波フェミニズムは開始された。しかし、結局こ

の批判は60年経っても、本当の意味では根付かなかった。人種差別や階級差別については到底許されないような主張が、女性差別に関してはいとも容易くまかり通るという現状こそが、その証左である。上野氏が指摘されたように、フェミニズムのみが「みんなのための」運動であることを求められるのも、これと同根の問題である。

ジェンダー概念をめぐる齟齬について、最後に上野氏は次のようにコメントされた。概念の流用や誤解はそれをする側の責任であって、概念を自己解放のために作り出した側の責任ではないと。しかし、筆者はこの見解には首肯しかねる。佐藤氏が強調されたように、フェミニズムはこの混乱に対して、たしかに無視できない役割を担ってきたのではないか。自己解放のために編み出されたはずの概念が、なぜ現在のような状況を帰結してしまったのかという問いは今後避けて通れないだろう。二度と同じ轍を踏まないために、どこで道を踏み誤ったのかを検証することは、「女性学を継承する」ために不可欠な作業である。

最後になったが、講演者の上野千鶴子氏と佐藤文香氏に深く感謝申し上げる。また、討論者の加藤秀一氏、司会の牟田和恵氏・内藤和美氏、大会実行委員長の千田有紀氏、そして聴衆のみなさまにも心よりお礼を申し上げたい。本シンポジウムを通じて得られた知見は、今後の当該領域の理論的発展に大いに資するものと確信している。ありがとうございました。

◆　◆　◆

ディスカッサント　2

古川直子

両氏の講演に対する筆者のコメントは、次の2点に関わるものであった。一点目は性別二元論批判の限界、二点目は「ジェンダーのない社会」というヴィジョンの行方についてである。第二波フェミニズム（佐藤氏の整理における「第二パラダイム」）は性別を階層秩序として捉え、ジェンダーのない社会を目指した。この視点は「女性学」の出発点となった。一方で、現代のジェンダー研究は多様なジェンダー・アイデンティティの共存を重視し、「自分の性別を選ぶ自由」を主張する。そこで重視されるのは、性別二元論への批判である。通説によれば、性別二元論批判はジェンダーの階層性についての指摘を発展させたものである。しかし、筆者はこの理解に疑問を呈し、これらの視点は根本において折り合わないのではないかと問いかけた。さらに、近年のジェンダー研究の主流たるヴィジョンは「ジェンダーを選べる

社会」であって、「ジェンダーのない社会」ではない。しかし、「ジェンダーへの自由」と「ジェンダーからの自由」を同時に実現する道は、本来「ジェンダーのない社会」でしかあり得ないのではないか。筆者はこの視点から、「ジェンダーのない社会」というヴィジョンの再評価を提唱した。

Discussant 2

FURUKAWA Naoko

The author's comments on the lectures focused on two key points: first, the limitations of the critique of gender binarism, and second, the trajectory of the vision for a "genderless society." Second-wave feminism (referred to as the "second paradigm" in Sato's framework) viewed gender as a hierarchical order and aimed for a genderless society, which was the starting point for women's studies. Contemporary gender studies, on the other hand, emphasize the coexistence of diverse gender identities and advocates for the "freedom to choose one's gender." A central focus here is the critique of the gender binary. According to the conventional view, this critique evolved from the perspective of gender hierarchy. However, the author challenges this understanding by asking whether these perspectives are inherently incompatible. Moreover, the dominant vision in recent gender studies is one of a "society where one can choose their gender" rather than a "genderless society." The simultaneous realization of both "freedom to gender" and "freedom from gender," though, seems achievable only in a "genderless society." From this perspective, the author calls for a reevaluation of the vision of a "genderless society."

Articles

論文

「同性パートナーシップ制度」導入自治体における「要綱型」選択の要因分析
——導入初期20自治体へのアンケート調査から

古川久瑠実

【キーワード（Keywords）】同性パートナーシップ制度、LGBTQ＋、地方自治体　要綱行政　政策過程
Same-Sex Partnership, LGBTQ＋, Local Government, Administrative Outline, Policy Process

はじめに

　日本国内において、国の政策に先行する形で2015年に初めて「同性パートナーシップ制度」が東京都の渋谷区と世田谷区で制度導入された。他の地方自治体でも導入が進み、2024年10月1日時点での導入自治体は約470自治体に増え、制度の実施自治体の人口は総人口の約89％に達した（公益財団法人 Marriage For All Japan－結婚の自由をすべての人に、2024）、全国的にも制度の波及が見受けられる。この制度は、今まで全く認められてこなかった同性間のパートナーシップを地方自治体が証明もしくは登録するという点に最大の特徴があるが、制度導入方法にも特徴がある。代表的な先行モデルとしては、渋谷区の条例による制度導入モデル（以下、条例型）と、世田谷区の要綱による制度導入モデル（以下、要綱型）があり、後続自治体のほとんどは要綱型である。両導入方法の最大の違いは、条例型[*1]が地方自治体の議会を通して制定されて制度導入に至るものであるのに対して、要綱型は地方自治体の首長の裁量のみによって制度導入に至るという点である。「同性パートナーシップ制度」の本質は人権問題であるが、そのような重要な制度が多くの自治体では議会の議決を通さずに首長の裁量だけで制度導入できる要綱型として、つまりは要綱行政として制度導入されている実態がある。これはなぜなのか。
　本研究では「『同性パートナーシップ制度』を制度導入した自治体は、なぜそのほとんどが条例型ではなく要綱型であったのか？」という問いについて、先行研究からの知見と、先行自治体が無い状態もしくは少数しか存在しない過渡期かつ初期段階で制度導入に踏み切った20の先駆的自治体へのアンケート調査の結果から分析していく。LGBTQ＋当事者の今後の権利回復運動は、同性婚導入に向けての議

論や訴訟が主な舞台になると考えられるので、今後の展開につなげていくためにも現行制度の政策過程を分析し、その実態と弱点を捉え、現状を確認しておく学際研究が必要であると考える。

なお、本研究にて扱う地方自治体による「同性パートナーシップ制度」は、要綱型でも条例型でも法的・制度的に保障のある諸外国の「パートナーシップ制度」とは異なり、各地方自治体による制度であるため総じて保障内容が弱く、自治体間でもサービスの種類や充実具合にばらつきがみられ[*2]、実質的には「証明制度」であると言える。しかし、「同性パートナーシップ制度」として国内で広く認知されている現状があり、各自治体においても「証明制度」や「宣誓制度」等の制度名が使用され、制度名も統一されていないため、本研究においては「同性パートナーシップ制度」の呼称を採用する。

I 先行研究と本研究の関係

1 要綱行政という方法

「同性パートナーシップ制度」は、ほとんどの自治体で要綱型での制度導入がなされており、本研究におけるアンケート調査対象の20自治体においても、その内17自治体が要綱型となっていることから、「同性パートナーシップ制度」含めLGBT政策の多くは要綱行政として行われていると言える。そもそも要綱とは、行政内部において運用され、法規としての外部効果を持たない、つまりは裁判規範にはならない行政規則の1種である（西尾、2001）。自治体が条例ではなく要綱で行政運営を行う理由とメリットは、法律との関係から条例制定を躊躇する場合や、情勢変化に迅速・柔軟に対応可能であること、法律による制度導入までの暫定的措置、議会での審議を避けるため等が挙げられる（藤島、2004；李、2020）。また、要綱でも議会での説明や了承を得るという場合もあるが、基本的には条例のように議会の議決を通さなくてもよいというメリットもある。反対にデメリットは、裁判規範とはならないことのほかに、要綱行政で上手くいっていると自治体職員が認識した場合においては、要綱の条例化を行う必要性は無いという認識が一般的に強くなるため、一度要綱によって制度導入されると要綱の改正や条例化が行われにくいこと等が挙げられ（藤島、2004）、要綱行政という行政運営の方法自体が批判の的となってきた歴史もある（藤島、2004；李、2020）。

2 戦略的な政策波及—地方から国へ

「国や自治体で制度導入が行われ、その制度が他自治体にも広がって波及していくこと」(伊藤、2016、29) を政策波及と言うが、このような事例は日本だけではなく諸外国でも見受けられる。例えば、日本と同じくLGBTQ＋当事者が法的に不可視化されてきた歴史のある台湾では、同性婚制度導入過程において、当事者たちの権利回復運動の影響で日本の要綱型と同じような内部規定による「パートナーシップ登録制度」が全国に波及し、当事者の可視化が進み、地方から中央政府を包囲していくという戦略が取られた (鈴木、2022)。したがって、国に政策転換を迫るためには、地方自治体で広く制度が波及していくことが戦略として重要であると言える。

さらに、「同性パートナーシップ制度」が多くの自治体に要綱型として政策波及したことから、地方自治体の動きを分析する際には、政策移転と相互参照も同様に重要である。政策移転は「ある国や地域が、他の国や地域の政策を受け入れる行為」(伊藤、2016、35) であり、相互参照は「自治体が政策決定に際して他の自治体の動向を参考にする行動」(伊藤、2016、30) であり、先行自治体の事例がモデルケースとして後続自治体に相互参照された場合、その結果が後続自治体の政策に政策移転されることになる。また、人的・財源的に規模の小さい自治体ほど相互参照のメリットがあるということが指摘されており、相互参照される自治体の範囲は、目的に合致すれば遠隔地でも参照し (伊藤、2003)、反対に同じ都道府県内の同規模の自治体を参照する場合もある (河原・岩井、2011)。

以上のことから、先行モデルとなった世田谷区の政策過程を見てみると、世田谷区の事例では区議会に保守派議員が多いため条例での導入は難しく、2つの自治体が同時に制度導入を行った方が社会に与えるインパクトが大きいと判断し、渋谷区と足並みを揃える形で急遽要綱型での制度導入をするに至った。このケースでは、要綱型という「前例」を作り、後続自治体に相互参照および政策移転させることによって、全国に制度を広げることが戦略として行われたと言える (エスムラルダ・KIRA、2015；上川、2016；横尾、2023)。結果として、後続自治体のほとんどが要綱型での制度導入を行っており、後続自治体によって相互参照と政策移転がなされたと言える。

3 政策起業家と拒否権プレイヤー —首長、議員、職員、運動家

政策過程においては、様々なアクター (actor) が政策に影響を与えている。アクターは、行政組織内外に存在し、これら各アクター間同士での利益調整や合意形成などを経て政策がつくられていくため、本研究においては、特に政策起業家と拒否権プレイヤーに相当すると考えられるアクターに注目している。

まず政策起業家とは、利益集団やその他のアクター達の合意形成や利益調整の場面において、「拡散した便益をうまくまとめあげる」（北山、2015、164）アクターであり、一連の流れを牽引するような、いわば政策過程における旗振り役や、キーパーソンのことを指す。政策起業家に該当するのは個人だけでなく、行政機関などの組織がその役割を果たすこともあり、「同性パートナーシップ制度」では、LGBT当事者の運動家や議会の議員、自治体の首長等がこれに該当する。

　次に、拒否権プレイヤーとは、政策過程において、「政策の現状変更に対して拒否権を有しているアクター」（秋吉、2007、8）のことであり、政策変更や新しい政策の採用時には、拒否権プレイヤーの同意が必要となる。「同性パートナーシップ制度」の政策過程においては、多くの場合は議会の保守派議員がこれに該当し、要綱型でもここをどう説得するかが制度導入の鍵となっている（エスムラルダ・KIRA、2015；横尾、2023）。

　また、自治体のLGBT政策が動くには、「首長」、「議会」、「職員」、「住民運動」の4つのうち2つ以上のアクターがそろう必要があるとの指摘もあり（ハフポスト、2018）、首長や議員のみならず、自治体職員も政策過程における重要なアクターであることが分かる。

Ⅱ　研究倫理と研究方法

1　倫理的配慮

　本調査研究では、調査するにあたり、2015年から2019年4月までに「同性パートナーシップ制度」を導入した20自治体の担当課に対して、2019年9月にアンケート用紙を郵送し、「学術的な研究目的に使用する」との説明を書面で行い、本調査研究の趣旨を理解し、かつ同意の取れた自治体からのみアンケートの回答（返送／メール回答）を得ている。調査結果に関しては、回答のあった自治体に対してフィードバックを行った。

2　アンケート調査と調査対象自治体

　本研究では、制度導入している20自治体の各担当課に対して、その制度導入過程に関してのアンケート調査を行った。調査範囲としては、2019年以降に制度導入自治体の増加が著しいため、2015年から2019年4月までの過渡期にあたる初期に制度導入を行った先駆的20自治体（図表①）を調査対象としてアンケートを郵送し、原則2019年9月末までを締め切りに回答を依頼した。1回目の調査では、19自治体から回答を得ることができた。以降の分析においては、回収できた19自治体のデータのみを扱っている。なお、2019年11月にメールと郵送により「政策

過程における首長の重要度」に関して2回目の追加調査も行い、1回目に回答を回収した19自治体に回答を再度依頼して12自治体から回答を回収した。

図表①　アンケート送付自治体一覧

	導入年（制度施行年）	月	自治体名	制度名（*調査当時）	条例名／要綱名（*調査当時）
要綱	2015年	11月	東京都世田谷区	世田谷区パートナーシップ宣誓	世田谷区パートナーシップの宣誓の取扱いに関する要綱
	2016年	4月	三重県伊賀市	伊賀市パートナーシップ宣誓制度	伊賀市パートナーシップの宣誓の取扱いに関する要綱
		6月	兵庫県宝塚市	宝塚市パートナーシップの宣誓制度	宝塚市パートナーシップの宣誓の取り扱いに関する要綱
		7月	沖縄県那覇市	那覇市パートナーシップ登録制度	那覇市パートナーシップ登録の取扱いに関する要綱
	2017年	6月	北海道札幌市	札幌市パートナーシップ宣誓制度	札幌市パートナーシップの宣誓の取扱いに関する要綱
	2018年	4月	福岡県福岡市	福岡市パートナーシップ宣誓制度	福岡市パートナーシップの宣誓の取扱いに関する要綱
		7月	大阪府大阪市	大阪市パートナーシップ宣誓証明制度	大阪市パートナーシップの宣誓の証明に関する要綱
		8月	東京都中野区	中野区パートナーシップ宣誓	中野区パートナーシップ宣誓の取扱いに関する要綱
	2019年	1月	群馬県大泉町	大泉町パートナーシップ制度	大泉町パートナーシップの宣誓の取扱いに関する要綱
			千葉県千葉市	千葉市パートナーシップ宣誓制度	千葉市パートナーシップの宣誓の取扱いに関する要綱
		4月	大阪府堺市	堺パートナーシップ宣誓制度	堺市パートナーシップの宣誓の取扱いに関する要綱
			大阪府枚方市	枚方市パートナーシップ宣誓制度	枚方市パートナーシップの宣誓の証明に関する要綱
			神奈川県小田原市	小田原市パートナーシップ登録制度	小田原市パートナーシップ登録の取扱いに関する要綱
			神奈川県横須賀市	横須賀市パートナーシップ宣誓証明制度	横須賀市パートナーシップ宣誓証明の取り扱いに関する要綱
			熊本県熊本市	熊本市パートナーシップ宣誓制度	熊本市パートナーシップの宣誓の取扱いに関する要綱
			東京都江戸川区	同性パートナー関係申出受領証	江戸川区同性パートナー関係に係る申出書等の取扱いに関する要綱
			東京都府中市	府中市パートナーシップ宣誓制度	府中市パートナーシップの宣誓の取扱いに関する要綱
条例	2015年	11月	東京都渋谷区	渋谷区パートナーシップ証明	渋谷区男女平等及び多様性を尊重する社会を推進する条例
	2019年	4月	岡山県総社市	総社市パートナーシップ制度	総社市多様な性を認め合う社会を実現する条例
			東京都豊島区	豊島区パートナーシップ制度	豊島区男女共同参画推進条例

※2019年調査当時の各自治体HP等より、筆者作成

Ⅲ　調査結果と分析

1　自治体の意識的な相互参照先

　アンケートでは、「同性パートナーシップ制度」導入過程時において、それぞれの相互参照先として「参考にした自治体」を自由記述方式かつ「国内、国外は問いません」とのただし書きのもとで質問している。質問の意図としては、渋谷区の政策起業家の長谷部区議（現区長）が制度導入時に「国際都市」を強く意識しており（エスムラルダ・KIRA、2015）、世田谷区の政策起業家である上川区議も制度導入の検討段階でドイツのハンブルク婚に着想を得ており（上川、2016）、さらに2019年当時は主に欧米諸国で同性婚が承認される流れもあったことから（NPO法人EMA日本、2024）、諸外国の自治体名が上がるのではないかとの考えにより質問した。

(1)「同性パートナーシップ制度」の参照先

　アンケートでは、導入過程の検討において相互参照した具体的な自治体名を、何を参考にしたかも含めて自由記述方式で質問した（N＝19）。回答結果は、無回答もあったが、回答自治体自体が先行自治体のため「特になし」というのが1件、具体的な自治体名を挙げたのが14件、漠然と「他自治体全て」という回答が3件あった。

　具体的な自治体名（図表②）に関しては、先行モデルとなった渋谷区と世田谷区が一番多く挙げられており、先行モデルとして影響力を確認できる。渋谷区よりも世田谷区の方が多く挙げられているのは、要綱型の自治体が多いことに関連すると考えられる。しかし、最終的に要綱型で導入するにしても、参照先として条例型の渋谷区の名前を挙げていないのは、最初から条例型は考えておらず、要綱型での導入ありきだったとも考えられる。また、調査対象の2019年1月に制度導入を行った2自治体が参照できるのは、2015年から2018年までに制度導入を行った9つの先行自治体であり、2019年4月に制度導入を行った9自治体が参照できるのは、2015年から2019年1月までに制度導入を行った11の先行自治体である。その中でモデルケースである2自治体以外に注目して見ていくと、那覇市が一番多く自治体名を挙げられており、次いで札幌市が挙げられていた。両市は当事者団体による運動が活発であり（横尾、2023）、当事者達の権利回復に長年取り組んできた自治体であったことも関係していると考えられる。

　具体的な参照内容としては、「導入過程」、「導入方法（根拠規定）」、「制度設計」、「支援（保障）内容」、「運用方法」、「手続き内容」、「交付条件（対象者範囲）」、「交付物」、「事務処理方法」、「制度の意義」、「当事者意見の収集方法」、「反対意見の有無」、「議会対応」など多岐にわたり、実務的レベルから、導入方法やリスク回避まで幅広く参照されていたことが分かる。加えて、例えば「導入方法（根拠規定）」ならば世田谷区、「議会対応」ならば渋谷区というような参照項目と参照先の組み合わせがバラバラな場合もあった。また、回答自治体によっては、「事実婚を目安として、社会通念上認められている身分的効果、財産的効果を目安として、必要最低限の支援が担保されることを考えた」というかなり踏み込んだコメントもあった。

　国外の参照先に関しては、アンケートでは「国内、国外は問いません」とのただし書きを書いていたが、回答では国内の自治体名等しか挙がらず、国外に関しては全く回答がなかった。政策起業家が「国外」や「国際都市」をいくら意識して「多様性」を重視していても（横尾、2019a：2019b：2023）、担当課にはそこに対する深い理解や関心はあまり無く、先行研究通りあくまでも相互参照先は近場の他自治体、遠隔地でも国内の他自治体にしか意識が向いていないことがよく分かる結果となった。

図表② 「同性パートナーシップ制度」導入時の相互参照先

世田谷区 (2015)	渋谷区 (2015)	那覇市 (2016)	札幌市 (2017)	宝塚市 (2016)	伊賀市 (2016)	福岡市 (2018)	大阪市 (2018)	中野区 (2018)	千葉市 (2019)
11	9	6	4	3	3	3	3	2	1

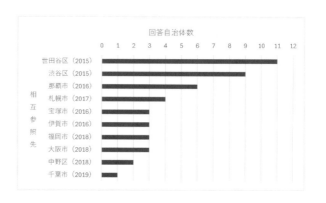

（2）「同性パートナーシップ制度」導入時の参照方法

　後続自治体が参照先の自治体から情報を得る際、どのような手段を用いて情報を得ているのかについて、「全国的な会議」、「地域ブロック（関東、関西など）での会議」、「県（都道府県）内の他市区町村との会議」、「特定の自治体との定例会合」、「その他（自由記述）」の各5項目について、5段階で質問した（N = 19）。

　回答結果（図表③）を見てみると、「全国的な会議」や「地域ブロックのような広域の会議」は、初期においてはほとんど開催されていなかった様子が見て取れる。一方で、「県（都道府県）内の他市区町村との会議」まで地域を狭めると、「何度か参加したことがある」と「参加したことがある」で9件になるので、初期でも都道府県レベルでは他自治体との相互参照の行動が読み取れる。「特定の自治体との定例会合」は近場だけではなく、遠隔地の自治体との相互参照を想定しての質問だが、こちらは2自治体のみ「参加したことがある」と回答している。このことから、相互参照先として同じ都道府県内の近場の他自治体の動静が最も注目されたことが判明し、リスク回避のための相互参照の行動とも考えられ、制度導入に対しての自治体側の慎重さを窺い知ることができる。

　一方で、その他（自由記述）では、「先行自治体への聞き取り」、「先行自治体への視察」、「他区視察」、「大学の公開講座や日本学術会議シンポジウム」との回答もそれぞれ1件ずつ4自治体から回答があった。一部の自治体では積極的な行動も読み取れるが、導入自治体全体としては積極的な行動が取られたとは言えず、通常通りの相互参照であったと言える。

図表③ 相互参照方法（N = 19）　※数字は回答自治体数

	何度か参加したことがある	参加したことがある	あまり参加したことはなかった	参加したことはない	そのような会議自体がなかった	無回答	無効回答	N（回答自治体数）
県（都道府県）内の他市区町村との会議	7	2	0	3	6	1	0	19
全国的な会議	1	1	0	4	12	1	0	19
特定の自治体との定例会合	0	2	0	3	13	1	0	19
地域ブロックでの会議（関東、関西など）	0	0	0	5	13	1	0	19
その他	2	1	0	0	4	11	1	19

2　制度導入のきっかけ—政策起業家は誰か

　政策起業家もしくは導入のきっかけとなったものに関して、「LGBTに対する国内世論の変化」、「地域住民からの働きかけ」、「市民団体からの訴え」、「貴自治体の議会の議員による働きかけ」、「県（都道府）内の他自治体での制度導入」、「他自治体での制度導入」、「国際社会における同性婚承認の流れ」、「その他（自由記述）」の8つの各項目について、5段階で質問した（N=19）。

　回答結果（図表④）を見てみると、国内世論の変化に関しては、「重要」もしくは「まあ重要」と答えた自治体が14件確認できた。アメリカで同性婚が導入された際も、国内の世論変化が重要視された経緯があり（ホーン川嶋、2018、215）、日本の地方自治体にとっても国内世論の変化は影響が大きかったことが分かる。一方、国際社会における同性婚承認の流れに関しては「まあ重要」が9件のみなので、やはり国際的な潮流に対する自治体側の意識や認識の感度はそれほど高くはなく、国内世論と比較すると温度差があったことが窺える。他の質問で「重要」と「まあ重要」の回答に注目すると、「貴自治体の議会の議員による働きかけ」が14件、「市民団体からの訴え」と「他自治体での制度導入」が同数の13件、「地域住民からの働きかけ」と「県（都道府）内の他自治体での制度導入」が同数の7件であった。「貴自治体の議会の議員による働きかけ」の回答からは、世田谷区と同じく議員が政策起業家であったパターンが多かったということが分かり、「市民団体からの訴え」の回答からは札幌市のように市民団体や運動家が政策起業家であったパターンも多かったことが分かる。「県（都道府）内の他自治体での制度導入」と「他自治体での制度導入」の回答からは、相互参照による導入リスクの回避が考えられ、「地域住民からの働きかけ」が議員や市民団体よりも低いのは、影響力や組織化されていないこと、または個人で声を上げることがカミングアウトになる危険性がある等の理由が考えられる。「その他（自由記述）」では、「担当者の熱意」、「LGBTの実態数についての近年の調査結果」、「審議会からの答申」、「区議会への陳情」等の回答があった。

図表④　政策起業家もしくは制度導入のきっかけ（N＝19）　※数字は回答自治体数

	重要	まあ重要	あまり重要ではない	重要ではない	どちらでもない	無回答	無効回答	N（回答自治体数）
LGBTに対する国内世論の変化	11	3	1	0	2	2	0	19
市民団体からの訴え	10	3	1	0	2	2	1	19
貴自治体の議会の議員による働きかけ	9	5	0	1	1	2	1	19
地域住民からの働きかけ	5	2	0	1	8	2	1	19
他自治体での制度導入	3	10	1	1	2	2	0	19
県（都道府）内の他自治体での制度導入	1	6	1	3	5	2	1	19
国際社会における同性婚承認の流れ	0	9	1	2	5	2	0	19
その他	5	0	0	0	1	13	0	19

　追加調査の結果（N＝12）では、政策過程における首長の重要度は「重要だった」が10件、「まあ重要だった」が2件で、全回答自治体で程度に差はあれども重要であったとされ、議会は通さなくとも最終的には首長の裁量によることから要綱型であっても首長の条件はやはり絶対条件であり、これにプラスする形で議員、市民団体、住民、自治体の職員が重要であると言える。

　以上に加え、制度導入時に自治体の担当課もしくは担当者が政策起業家になり得るのか、役所内部での制度導入当時の手順についても質問を行い、「担当課から首長へ具申した」、「首長から担当課へ指示があった」、「担当課で判断し、導入準備を行った」、「その他（自由記述）」の4つの選択肢で質問した（N＝19）。

　こちらの回答結果によると、まず一番多いのが回答数9で「首長から担当課へ指示があった」という首長からのトップダウン式の指示で準備が進められたというものであった。回答数3の「担当課から首長へ具申した」と回答数2の「担当課で判断し、導入準備を行った」に関しては、担当課が動く前に議員や当事者団体、運動家等が担当課に働きかけを行っている可能性もあるが、首長が動く前に動いているし、前述の制度導入のきっかけのところでの「担当者の熱意」という回答も併せて考えるならば、この場合は自治体職員が政策起業家になり得る可能性の余地は十分にあるのではないかと考えられる。また、自由記述では、「市議会での質問」、「LGBT施策に関する要望・区内当事者団体の勉強会を実施する動き・近隣先行自治体での一定の効果」、「制度創設を求める請願の採択を受けて」というコメントもあった。

3　拒否権プレイヤーは誰か

　拒否権プレイヤーは誰であったのか、「中央政府（国）との調整」、「議会内での合意形成」、「役所内部での合意形成」、「住民との合意形成」、「執行のための財源・予算の確保」、「他導入自治体との差別化（独自性）」、「その他（自由記述）」の各7

項目について、6段階で質問した（N = 19）。

　回答結果（図表⑤）を見てみると、まず「中央政府（国）との調整」への回答より、導入時に政府からの介入などは特に無く、課題としても考えていなかったことが分かる。反対に、最も困難とされたのは「議会内での合意形成」であり、先行研究でも最大の難所である議会内の保守派議員をどう説得するかが鍵であるとされたので（横尾、2023）、そのことは担当課や担当者にも意識されており、最大の拒否権プレイヤーはやはり議会であることがあらためて確認された。他の設問に関しては、困難性の認識が総じて低く、制度導入自治体として一般化することは難しいが、これに関しては各自治体個別の事情があったと考えられる。また、自由記述での回答は無かった。

図表⑤　制度導入過程における困難（N = 19）　※数字は回答自治体数

	困難だった	まあ困難だった	あまり困難ではなかった	困難ではなかった	特に課題として認識していなかった	どちらでもない	無回答	無効回答	N（回答自治体数）
議会内での合意形成	0	9	2	2	2	3	1	0	19
他導入自治体との差別化（独自性）	0	4	3	0	6	5	1	0	19
役所内部での合意形成	0	3	3	4	3	5	1	0	19
住民との合意形成	0	2	5	2	3	6	1	0	19
執行のための財源・予算の確保	0	1	4	1	4	8	1	0	19
中央政府（国）との調整	0	0	0	0	13	5	1	0	19
その他	0	0	0	0	3	0	16	0	19

4　条例型ではなかった理由―なぜ要綱型にしたのか

（1）要綱型の理由

　なぜ「同性パートナーシップ制度」を要綱型で導入したのか、担当課および担当者の認識について、「国の制度・政策との相反によるリスク」、「条例制定まで行う必要性があるかどうか（要綱で十分）」、「議会での合意形成が困難」、「住民との合意形成が困難」、「他の自治体の条例が効果を上げていない」、「条例制定を求める働きかけがなかった」、「その他（自由記述）」の7つの各項目によって5段階で質問を行った（N = 19）。

　「懸念した」と「まあ懸念した」に注目して回答結果（図表⑥）を見ると、「条例制定まで行う必要性があるかどうか（要綱で十分）」が一番多く10件であった。これは4件の回答があった「国の制度・政策との相反によるリスク」と関連し、制度自体が理念的・象徴的な制度であること、または自治体の権限の限界を強く意識した結果とも言えるだろう。また、8件の回答があった「議会での合意形成が困難」について前項の回答と合わせて考えると、やはり最大の難所である議会で条例として通すことは難しく、リスク回避のために要綱型を選択したと言える。しかしなが

ら、このことは保守派議員から「同性パートナーシップ制度」がそれほど脅威として認識され、制度導入に対して風当たりが強かったことも同時に示しているとも言える。以上のことから、多くの自治体の担当課は目的（ゴール）としての制度導入を考えて、危ない橋は渡らずに戦略的に要綱型を選択したのであり、モデルケースである世田谷区の戦略が政策移転なされたと言える。また、アンケートの最後の自由記述欄では、いくつかの自治体から「国による包括的制度導入が望ましい」や、「地方自治体では限界がある」等の意見があり、地方自治体の権限の限界を感じている回答も多数あった。

図表⑥　要綱型の理由（N=19）※数字は回答自治体数

	懸念した	まあ懸念した	あまり懸念しなかった	懸念しなかった	どちらでもない	無回答	無効回答	N（回答自治体数）
条例制定まで行う必要性があるかどうか（要綱で十分）	7	3	3	0	3	3	0	19
議会での合意形成が困難	3	5	2	0	6	3	0	19
住民との合意形成が困難	2	3	2	1	7	4	0	19
国の制度・政策との相反によるリスク	1	3	0	1	0	14	0	19
他の自治体の条例が効果を上げていない	0	2	3	3	7	4	0	19
条例制定を求める働きかけがなかった	0	2	1	4	8	4	0	19
その他	1	0	0	1	1	16	0	19

（2）制度導入に要する期間

　ここまで見てきた先行研究やアンケート結果から、「条例型では制度導入のハードルが上がるが、要綱型では制度導入しやすいので要綱型で導入した自治体が多い」ということが言えそうではあるが、実際にはどのくらい制度導入がしやすいのだろうか。この疑問に答えるため、制度導入に要した期間についてもアンケートで質問している。アンケートでは、制度導入の検討を開始した時期に関して「何年何月頃に制度導入の検討を開始したか」という形式で具体的に質問した（N = 19）。期間の数え方としては、制度施行は開始月の1日付が多いため、回答月を起算月として回答月から施行月の前月までを1ヵ月単位ごとに数えた。

　回答結果によると、アンケートに回答した条例型の自治体（N = 2）からは、「4ヵ月」と「10ヵ月」という回答があった。これに対して、要綱型の自治体（N = 17）からの回答は図表⑦のようになり、「7ヵ月」が最も多く、「5ヵ月」以下に関しては「4ヵ月」が一番多く、中には「3ヵ月」程の短期間で制度導入にこぎつけた自治体の存在も見て取れる。逆に、「12ヵ月」以上期間を要したところも5自治体あり、「14ヵ月」や最長では「19ヵ月」要した自治体等が複数存在し、条例型自治体よりも導入までの期間が長かったことも分かった。このことから、「要綱型だから制度導入しやすい」ということが必ずしも言い切れないことが判明した。

図表⑦　検討から制度導入までの期間（N = 17）

	19ヵ月	14ヵ月	12ヵ月	10ヵ月	7ヵ月	5ヵ月	4ヵ月	3ヵ月	無回答	
要綱	2	1	2	0	5	2	3	1	1	17
条例	0	0	0	1	0	0	1	0	0	2

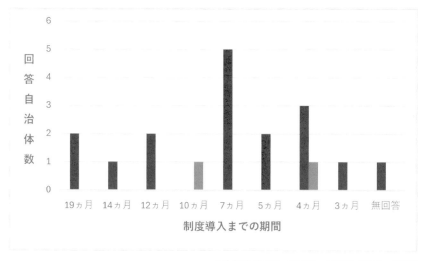

※左側棒グラフ＝要綱型、右側棒グラフ＝条例型

（3）要綱型から条例化の可能性

　ここまでのところで、議会の保守派議員が制度導入に反対しなくなるような情勢の変化が訪れた場合は、要綱型から条例型に移行することはあり得るのかという疑問が残る。アンケートでは続けて、条例型への移行可能性についても質問した（N = 19）。回答結果としては、無回答が3件、「検討中」が2件、「検討予定が無い」が14件であり、先行研究（藤光、2024）と同じく、一度要綱型で導入すると、要綱の条例化は検討されにくいことが確認できた。

　また、2024年11月現在では、アンケート調査対象自治体のうち、世田谷区の「パートナーシップ・ファミリーシップ制度」（世田谷区、2024）のように、後に要綱を改正して当事者ニーズに柔軟に応えようとしている自治体も一部あるが、条例化に移行した自治体は0である。現在は市町村レベルだけではなく、都道府県レベルでの制度導入も進んでいるため、そういった情勢変化もあるかもしれないが、やはり一度要綱型になってしまうと条例型へのシフトは起こりにくいことが現状からも分かる。

Ⅳ 考察―地方自治体発革新の失速と条例化の提案

　ここまで「『同性パートナーシップ制度』を導入した先駆的自治体はなぜそのほとんどが条例型ではなく要綱型であったのか？」という問いを念頭に先行研究の知見や、自治体へのアンケート調査を見てきた。回答結果の分析から、諸外国での権利回復の影響を受け、国際性とダイバーシティ（多様性）を強く謳われた地方自治体による「同性パートナーシップ制度」の政策過程において、実際には主に国内の近場の自治体間での相互参照しか行われていないことが浮き彫りになった。また、制度導入時の最大の難所となる拒否権プレイヤーはやはり議会であることが強調される結果になり、同時に多くの自治体において「条例制定まで行う必要性があるかどうか（要綱で十分）」ということが懸念され、最終的妥協としての要綱型ではなく、最初から要綱型ありきであったことが判明した。一方で、要綱型で政策波及してきた理由として、「条例型よりも制度導入しやすい」というのが通説的に言われていたが、実際に検討から制度導入に費やした期間は要綱型だからと言って短いわけではなく、条例型よりも時間がかかった自治体が複数存在したことも判明した。

　以上のことから、「『同性パートナーシップ制度』を制度導入した自治体は、なぜそのほとんどが条例型ではなく要綱型であったのか？」という問いには、「制度導入した多くの自治体では、議会の保守派議員の存在を強く懸念して条例型にすることは最初から考えず、要綱型ありきの制度導入であったから」というのが本研究からは導き出せる答えである。アンケートの自由記述でも、「同時多発的に各自治体が取り組みを行うことで、国を動かす力になる」や、「国が何らかの対応をすることを期待」という意見があり、圧倒的に「国による制度」を求める声が多く、地方自治体側からすれば、制度導入自体が国に対して「世論」を突き付ける意味合いがあったのであろう。国に先行して国内で不可視化されてきた問題を可視化し、国の政策に対してのある種の政策起業家になったという意味では、地方自治体が果たした役割と貢献度は大きいと評価できる。しかしながら、2015年に制度が導入されて全国に広がり、制度実施自治体の人口は総人口の約89％をカバーするまでにもなったが、依然として国による制度化の話は進まない。このことは、地方自治体発の革新が失速しつつあることを意味する。

　失速原因を考える手がかりとして、日本とほぼ同時期に地方自治体で制度導入され、先に同性婚を導入するに至った台湾の事例を見てみると、中国との差別化が国の生存戦略の前提にあるとしても、台湾では戸籍制度がありながら夫婦は通常別姓であるという点と、地方自治体発の制度が導入された際には制度利用者数が日本よりもはるかに多かったという点が日本の現状と大きく異なると指摘できる（鈴木、2022）。これに対し、日本の場合は保守派議員が「『戸籍』は神聖にして侵さざるも

の、『家族の価値』の原点」(上川、2007、113) として夫婦別姓等にも根強く反対している現状がある。したがって、保守政党が政権に就いているうちは、この戸籍制度が大きな障壁となり得ると考えられる。さらに、差別禁止の内容が制定過程で後退した「LGBT理解増進法」(三成、2023) にも見られるように、日本の立法府にはLGBTQ＋当事者達の権利回復問題の解決を避ける傾向があり、同性婚訴訟の判決によって国による包括的な制度が導入されても、制度内容が中途半端なまま現行の婚姻制度に近づける制度化がなされない可能性もあり、そうなった場合に司法が踏み込んだ判決をどこまで出し続けるのか疑問視する指摘もある (千葉、2024)。

そのような状況下で婚姻平等達成のためにできることは、当事者やアライ (伴走者) による権利回復運動はもちろんのこと、人々の生活に最も近い地方自治レベルでの各地域における人権回復の地盤づくりが重要になると考えられる。まずは制度利用者を増加させるためにも、要綱型しか採用できない地域の現状を変える必要がある。その足掛かりとして積極的な要綱の改正や条例化を目指す過程で、地域住民が当事者の直面する権利回復の問題を自分達の地域の問題として考え、議論していくことが必要なのではないだろうか。その意味で、地方自治体の責任と役割はまだ終わりではないと言える。

おわりに

本研究では触れることができなかったが、「同性パートナーシップ制度」や同性婚の導入を求める一連の流れには、新自由主義との親和性 (新ヶ江、2021) や、家父長的で保守的な婚姻制度の強化や異性愛者側への同化政策 (青山、2016；菊池、2022) 等々も指摘されている。加えて、現状の婚姻制度と同じく一対一のパートナー関係を想定しているため、そこから外れる者に対しては制度や保証の枠組みから排除するという排他性と特権性もある (Brake, 2012 = 2019；深海、2022)。しかしながら、LGBTQ＋当事者達の権利回復と救済、そして生存のためには、「同性パートナーシップ制度」の波及、および同性婚の実現などはやはり効果的であり (清水、2008)、戦略的に推進していく必要がある。したがって、アライだけではなく、マジョリティ側の人間にどれほど自分ごととして考えさせることができるか、巻き込むことができるかが重要であると考えられるので、本研究のような量的調査では見えてこない、個人レベルの人生や実践に目を向けた質的調査が今後はさらに重要になってくるだろう。

註

*1　条例型としては、渋谷区、総社市、豊島区、港区、いなべ市、国立市、浦添市、武蔵野市、福知山市、岡崎市、東京都、美作市、町田市、日野市、杉並区、天理市、三鷹市等があるが、これらの自治体では「同性パートナーシップ制度」を定めた条例が制定されており（一般財団法人地方自治研究機構、2024）、条例に基づく形で手続き上の詳細な事務内容を規則で定めて制度を実施している自治体もある。また、要綱型と同じく裁判規範にはならない行政規則の一種である規定によって制度導入している自治体も存在する。

*2　公営住宅への入居や、病院施設や地元企業との連携等は多くの自治体で行われているが、住民票の続柄を「縁故者」に変更できたり、心身障害者扶養共済制度の利用や、ファミリーシップのような子との関係を証明するサービスを提供している自治体も一部ある。また、制度導入を行っている他自治体と連携していたり、他のどことも連携していない、もしくは一部の自治体としか連携していない自治体というのもある。

参考文献

秋吉貴雄、2007、「政策移転の分析枠組みの構築に向けて」『熊本大学社会文化研究』5巻、1-14.

青山薫、2016、「愛こそがすべて——同性婚／パートナーシップ制度と「善き市民」の拡大」『ジェンダー史学』12巻、19-36.

Brake, Elizabeth.(2012). *Minimizing Marriage: Marriage, Morality, And The Law*, Oxford University Press（ブレイク，エリザベス著、久保田裕之監訳、2019、『最小の結婚——結婚をめぐる法と道徳』白澤社）

千葉市「千葉市パートナーシップ宣誓制度」https://www.city.chiba.jp/shimin/seikatsubunka/danjo/partnership.html（2024年11月20日取得）

千葉勝美、2024、『同性婚と司法』岩波書店

江戸川区「同性パートナー関係申出書受領証」https://www.city.edogawa.tokyo.jp/e090/kurashi/jinken/jinken/youkou.html（2024年11月20日取得）

エスムラルダ・KIRA、2015、『同性パートナーシップ証明、はじまりました。——渋谷区・世田谷区の成立物語と手続きの方法』ポケット出版

藤島光雄、2004、「要綱行政の現状と課題——自治立法権の拡充を目指して」『自治大阪』54巻、19-28.

深海菊絵、2022、「一夫一婦制を超えて／のなかで生きる——米国ポリアモリーの現在」『結婚の自由——「最小結婚」から考える』白澤社、97-122.

福岡市「福岡市パートナーシップ宣誓制度」https://www.city.fukuoka.lg.jp/shimin/jinkenkikaku/life/lgbt/partnership.html（2024年11月20日取得）

府中市「府中市パートナーシップ宣誓制度について」https://www.city.fuchu.tokyo.jp/gyosei/kekaku/kekaku/bunka/jinken/pa-tona-shppusennsei.html（2024年11月20日取得）

枚方市「枚方市パートナーシップ宣誓制度について」https://www.city.hirakata.osaka.jp/0000023379.html（2024年11月20日取得）

ホーン川嶋瑤子、2018、『アメリカの社会変革—人種・移民・ジェンダー・LGBT』筑摩書房

ハフポスト、2018、「どうなる？同性パートナーシップ　LGBTの議員たちが語る『最前線』」https://www.huffingtonpost.jp/entry/lgbt-future_jp_5c5a2f9e4b012928a302d4c（2024年11月

20日取得）

伊賀市「伊賀市パートナーシップ宣誓制度について」https://www.city.iga.lg.jp/0000001114.html（2024年11月20日取得）

一般財団法人地方自治研究機構「性の多様性に関する条例」http://www.rilg.or.jp/htdocs/img/reiki/002_lgbt.htm（2024年11月20日）

伊藤修一郎、2003、「群馬県内市町村景観条例制定過程における相互参照と情報の役割」『群馬大学社会情報学部研究論集』10巻、131-149.

──、2016、『自治体発の政策革新──景観条例から景観法へ』木鐸社

上川あや、2007、『変えてゆく勇気──「性同一性障害」の私から』岩波書店

──、2016、「世田谷区における同性パートナーシップの取組について」『同性パートナーシップ制度──世界の動向・日本の自治体における導入の実際と展望』日本加除出版、180-209.

河原未歩・岩井淳、2011、「自治体Webサイトの広告とサイト制作のための相互参照」『情報文化学会誌』18巻、2号、74-79.

菊池夏野、2022、「結婚制度の政治性と同性婚──同性婚によって正当化される結婚制度」『クィア・スタディーズをひらく2──結婚、家族、労働』晃洋書房、139-166.

北山俊哉、2015、「政策決定と利益──人々の利益はどのように調整されて政策になるのか？」『公共政策学の基礎［新版］』有斐閣、151-167.

公益財団法人 Marriage For All Japan──結婚の自由をすべての人に「日本のパートナーシップ制度」https://www.marriageforall.jp/marriage-equality/japan/（2024年11月20日取得）

熊本市「熊本市パートナーシップ宣誓制度について」https://www.city.kumamoto.jp/hpkiji/pub/Detail.aspx?c_id=5&id=23525（2024年11月20日取得）

李斗領、2020、「要綱行政の再検討」『早稲田法學』95巻、3号、189-224.

三成美保、2023、「LGBT理解増進法案の問題点」https://wan.or.jp/article/show/10665（2024年11月20日取得）

那覇市「『那覇市パートナーシップ・ファミリーシップ登録』について」https://www.city.naha.okinawa.jp/kurasitetuduki/collabo/dannjyosankaku/seinotayousei/partnershipregistrat.html（2024年11月20日取得）

中野区「中野区パートナーシップ宣誓」https://www.city.tokyo-nakano.lg.jp/kusei/danjyo/danjyo/parnership/06864279202405141100749993.html（2024年11月20日取得）

西尾勝、2001、『行政学［新版］』有斐閣

NPO法人EMA日本「世界の同性婚」http://emajapan.org/promssm/world（2024年11月20日取得）

小田原市「パートナーシップ登録制度」https://www.city.odawara.kanagawa.jp/field/municipality/peace/human/jinken/minority/p26688.html（2024年11月20日取得）

大泉町「大泉町パートナーシップ制度」https://www.town.oizumi.gunma.jp/s007/kurashi/010/010/100/20200803152818.html（2024年11月20日取得）

大阪市「大阪市ファミリーシップ制度による宣誓を証明します」https://www.city.osaka.lg.jp/shimin/page/0000439064.html（2024年11月20日取得）

堺市「堺市パートナーシップ宣誓制度」https://www.city.sakai.lg.jp/shisei/jinken/jinken/sakaipartnership.html（2024年11月20日取得）

札幌市「札幌市パートナーシップ宣誓制度」https://www.city.sapporo.jp/shimin/danjo/lgbt/seido.html（2024年11月20日取得）

世田谷区「世田谷区パートナーシップ・ファミリーシップ宣誓」https://www.city.setagaya.lg.jp/

02409/1031.html（2024 年 11 月 20 日取得）

渋谷区「渋谷区パートナーシップ証明」https://www.city.shibuya.tokyo.jp/kusei/shisaku/lgbt/partnership.html（2024 年 11 月 20 日取得）

清水雄大、2008、「同性婚反対論への反駁の試み――『戦略的同性婚要求』の立場から」『Gender and Sexuality』3 号、95-120。

新ヶ江章友、2021、「ダイバーシティ推進と LGBT／SOGI のゆくえ――市場化される社会運動」『多様性との対話――ダイバーシティ推進が見えなくするもの』青弓社、36-58。

総社市「総社市パートナーシップ宣誓制度・ファミリーシップ制度」https://www.city.soja.okayama.jp/s/jinken-machi/shisei/LGBT.html（2024 年 11 月 20 日取得）

鈴木賢、2022、『台湾同性婚法の誕生――アジア LGBTQ+ 燈台への歴程』日本評論社

宝塚市「宝塚市パートナーシップ・ファミリーシップの宣誓制度について」https://www.city.takarazuka.hyogo.jp/kyoiku/jinken/1021192/1022571.html（2024 年 11 月 20 日取得）

豊島区「豊島区パートナーシップ・ファミリーシップ制度」https://www.city.toshima.lg.jp/049/1903121050.html（2024 年 11 月 20 日取得）

横尾俊成、2019a、「地方自治体の政策転換における SNS を用いた社会運動のフレーミング効果――渋谷区『同性パートナーシップ条例』の制定過程を事例に」『関西学院大学先端社会研究所紀要』16 巻、1-16。

――、2019b、「『札幌市パートナーシップ宣誓制度』の導入過程における SNS を介したフレーム伝播」『社会情報学』8 巻 1 号、65-79。

――、2023、『〈マイノリティ〉の政策実現戦略――SNS と「同性パートナーシップ制度」』新曜社

横須賀市「パートナーシップ宣誓証明制度」https://www.city.yokosuka.kanagawa.jp/0531/310401.html（2024 年 11 月 20 日取得）

「同性パートナーシップ制度」導入自治体における「要綱型」選択の要因分析
――導入初期 20 自治体へのアンケート調査から

古川久瑠実

　日本の地方自治体において、国の政策に先行して「同性パートナーシップ制度」が導入され、全国の地方自治体に政策波及している。しかし、「同性パートナーシップ制度」は、ほとんどの自治体において要綱行政として運営されている。「同性パートナーシップ制度」は多様性だけではなく、LGBTQ＋当事者達の人権に関わる重要な問題であるのに、なぜ条例型ではなく要綱型で多くの自治体が制度導入しているのか。この問いに対して、初期に制度導入を行った先駆的 20 の自治体の担当課にアンケート調査を行い、その要因を分析した。分析によれば、多様性や国際性を意識された制度であるにも関わらず、実際には行政側の担当課は国外の先行事例に

はほとんど目を向けていなかったことが判明した。また、妥協の結果としての要綱型ではなく、議会や議員との合意形成の困難さを懸念し、最初から要綱型ありきでの制度導入が進められていたことが分かった。本研究は、先行研究の知見を踏まえ、制度導入自治体へのアンケート調査の結果の分析から、「同性パートナーシップ制度」の政策過程の現状を捉える学際研究である。

Analysis of Factors Behind the Selection of the "Administrative Outline Type" among Local Governments That Have Introduced "Same-Sex Partnership": From a Questionnaire Survey of 20 Local Governments at the Time of Its Early Stages

FURUKAWA Kurumi

In Japanese local governments, "Same-Sex partnership" has been introduced ahead of the national policy, and "Same-Sex partnership" has been diffused to local governments across the country. However, in most local governments, a "Same-sex partnership" is run as an administrative outline. "Same-sex partnership" is a critical issue related not only to diversity but also to the human rights of LGBTQ+ people, but why are many local governments introducing "Same-Sex partnership" in the form of administrative outlines rather than ordinances? In response to this question, I conducted a questionnaire survey of the departments in charge of 20 pioneering local governments that introduced "Same-Sex partnership" in the early stages and analyzed the factors behind this. The analysis revealed that, despite "Same-sex partnership" being conscious of diversity and internationalism, administrative departments in charge of local governments had paid little attention to precedents outside the country. In addition, it has been revealed that "Same-sex partnership" was not introduced as an administrative outline of the results of compromise in many local governments, and it was found that many local governments had decided to introduce "Same-Sex partnership" based on administrative outlines from the beginning because they were concerned about the difficulty of building consensus with parliaments and members. This is an interdisciplinary study that examines the policy process of "Same-sex partnership" based on findings from previous research and an analysis of the results of a questionnaire survey of local governments that introduced the policy.

20世紀前半の大阪市立衛生試験所による学童弁当改善運動と母役割
―― 愛情弁当論誕生の史的背景

土屋 匠平

【キーワード（Keywords）】子の栄養・健康における母役割、愛情弁当論、学童弁当改善運動、学校給食、大阪市立衛生試験所
The Role of Mothers in Child Nutrition/Health, *Aijō Bento-ron*, the Improvement Project for Schoolchildren's Lunch Box, School Lunch, The Osaka Municipal Hygienic Laboratory

はじめに

　今日の日本では、インターネットやSNS上で色とりどりの豊富な種類のおかずを詰めた手作り弁当の写真が頻繁に掲載され、多くが閲覧者による賞賛の対象となっている。そこに寄せられるコメントによると、讃えられているのは弁当製作の技術というより、家族（特に子）のために手間暇をかけ労力を厭わない母親の「献身と愛情」であることがわかる。海外において家庭から持参するランチと比較しても日本の弁当が目を見張るものであることから、*Bento*が和製英語として市民権を得たように（Allison, 1991）、人びとの「弁当」へのこだわりと愛着は日本の食文化の主要な構成要素をなすとみなされている。

　近年、幼稚園で手作り弁当の持参が奨励され、学校教育では「親と子の絆を結ぶための」弁当の日が設けられ、またいわゆる愛情弁当論に基づいて学校給食の実施が妨げられることもある[*1]。愛情弁当論とは、栄養たっぷりの手の込んだ弁当こそが母親の（子への）愛情の証とする論調であり、これは日本社会に存在している独自の回路であるといえよう（野田、2015、118-125）。母親から子への愛情表現は、母子の数ほど存在するのが自然のように思えるが、前述したような単純で直線的な回路が立ち現れる。ここにはどのような歴史的背景が存在し、ジェンダーはそのプロセスにおいてどのような役割を担ったのだろうか。

　愛情弁当の歴史に関する先行研究では、野田（2022）が戦後の1970年代に起源があると指摘しており、村瀬（2023）も『主婦の友』の分析を通して「母の手作り弁当＝愛情」とする規範が戦後の1970年代ごろに成立したと示唆している。しかし、母役割をめぐるこれまでの女性史研究をいま一度検証すれば、20世紀前半にその

萌芽がみられるといえるのではないか。そこで、まず女性に課された母役割に関する女性史の先行研究を概観する。

周知のように、20世紀前半に国家は個人のいわゆる私的領域への関心を高め、家族や家庭生活を管理の対象とみなすようになり、その過程で女性の家事・育児や母役割などに関する規範が形成された。牟田和恵は、近代国民国家形成において男性のように「国民」と認められない女性たちが、将来国民となる男子を産み育てる母役割を強調、美化することで国家に貢献する「国民」になろうと試みた過程を明らかにした。こうした母役割は、明治後半から大正期における都市の新中間層の近代家族形成において、女性にとって本能的で本質的であるとする「母性」神話と相まって重要な位置を占めた（牟田、1992）。

1930年代に入ると急速に戦争に向けた国民総動員体制化が進められるようになり、その一環として国は女性を家庭と母の名の下に組織した。教科書や出版物では母性論が急増し、「母よ家庭に帰れ」と連呼され、あちこちで家庭の母が賛美された。すなわち「『母』とは女性を、階層をこえ思想をこえて一つにつつみこむ運動の原理」となったのである（永原、1985、206-209）。以降、国家が全階層の女性を統合するために「母の日」を制定する（1931年）など、母役割が前面に打ち出されるようになった（古久保、2002）。

それでは、20世紀前半の国家による女性の家庭での母役割重視と「食」にはどのような関係があったのだろうか。小山静子によれば、1910年代に国による家庭の食・栄養への関心は高まっていた。第一次世界大戦中と戦後に生じた人びとの生活難をきっかけに、国家は家庭生活に関与するようになり、科学的かつ合理的な生活改善を目標に掲げた。1920年代には文部省主導の生活改善運動が始まり、西洋由来の科学知である「栄養」概念が導入され、家庭の食事改善が母（と将来母になると想定された女性たち全般）に求められた（小山、[1991] 2022、144-150）。生活改善運動での食事改善の実践は、20世紀初頭に設立した国立栄養研究所による栄養知識の普及が影響を与えており、同研究所長の佐伯矩らは家庭の食事改善に取り組んでいた（小山、1999、156-166）。また、栄養学の成立過程はジェンダーと不可分であった。なぜなら栄養学の誕生は、家庭の食事実践をより高度で専門的にしただけでなく、母親が家庭の食の提供者・責任者となることの「『今日』的意義や重要性を、より説得的に語りだ」したからである（村田、2000、136）。

このような背景をふまえ、本稿は20世紀前半に公的機関が家庭に関与し始めたありようを日常生活における「食」から社会史の方法を用いて考察する。具体的には学童弁当改善運動に着目し、子どもの健康的発育のための食・栄養への社会的関心の高まりに伴う母役割の規範化を検証する。学童弁当改善運動の結果、食のあり方が母親の子への愛情を測る指標となり、女性たちに母親としての自覚を促す一回

路となったと考えられるからである。先行研究では、小山は生活改善運動での住宅と子どもの服装の改善などに焦点を当て、子ども中心の家族像を論じたが、食事改善については家事様式や要求水準の高度化の現れとしており（小山、1999、156）、村田も同様で、食事の改善運動を子どもの健康・発育と良き母親の証明との観点からは捉えていない。

　よって、本論は従来の研究では注目されてこなかった20世紀前半に都市衛生政策として栄養が重視されたことに着目する。とりわけ、子どもの昼食である学童弁当、作り手の母親を対象とした啓蒙・教育、そして全児童向けの学校給食導入を検討する。1930年代に健康に関わる衛生行政において先駆的役割を担った大阪市立衛生試験所（以下、試験所）による学童弁当の栄養改善と全児童向け学校給食導入を求める運動である学童弁当改善運動を取りあげ、子どもの食・栄養をめぐって母役割や規範が形成された諸相を検証する。その上で、現代日本社会の愛情弁当論の下地となった、母親による食の提供と子への愛情を結び付ける言説や規範の萌芽は20世紀前半にみられる点を指摘したい。

Ⅰ　学童弁当栄養調査の実施

1　学童弁当調査の背景

　ここでは、大阪市立衛生試験所の事例を取りあげる意義を説明し、1929年以降の学童弁当調査の背景と要因を述べる。

　試験所が弁当に注目した要因として、第一に衛生事業の転換がある。試験所の前身である「市立大阪衛生試験所」は1906年に創設され、国立衛生試験所による水質調査・管理などの衛生事業を担い、主に感染症の改善や予防を実施した（市立大阪衛生試験所、1910）。20世紀初頭以降、全国の主要な都市で市立衛生試験所が創設されるようになり、都市独自の社会問題に密着した衛生行政が活発化し（横田、2011）、大正期以降、健康増進のための調査や事業も焦点化された（西川、2022）。1921年に大阪市立衛生試験所と改称され、1923年には新庁舎創設により全国最大規模の衛生試験所となった。当時の大阪では、急速な工業化・産業化や人口増加（1925年には全国最大の211万人に及んだ）による住居や公害問題に加えて、国内最悪規模の乳幼児死亡率などの社会問題が深刻化していた。衛生問題改善のため、試験所は健康増進に関わる諸事業を展開するようになったのである。当初の衛生事業は女性に焦点化されていたわけではなかったが、徐々に衛生事業と健康な育児のための栄養価の高い食事の提供とが結び付けて理解されるようになり、食の提供者としての女性の母役割が重視されるようになっていった。

　試験所は1924年以降、新たな衛生事業として食・栄養に関する調査・研究を開

始し、加えて婦人向けの講習会・展覧会を開催して大阪市民の栄養改善に取り組んだ。例えば、1924年4月に試験所は「栄養料理講習会」の開催に着手した。新聞での告知後には参加希望者が殺到し、当日は予定人数を超過する実習生40名、立ち見の見学者100名が受講した。同年5月から約二ヶ月間、毎週講習会が実施され、「講義及実験」が6回、「料理法実習」が7回行われた（大阪市立衛生試験所、1924、114-118）。翌年5月には「家事衛生研究会」が試験所内で組織され、食・栄養改善のための事業を主導するようになった。講習会などの直接指導の他に、雑誌『家事と衛生』の発行を通じて衛生や食・栄養など家政一般に関する情報が発信された。

　試験所が弁当を焦点化した第二の要因として、栄養学への関心の高まりがある。当時、一部の研究者がこぞって栄養に注目していた。1910年、日本では未知の栄養素であったビタミンが脚気予防となることを、鈴木梅太郎が世界に先駆けて発見した。その後、先述した佐伯矩がこれまで医学で扱われていた栄養学を一つの学問として独立させた。1920年には世界初の国立の栄養研究所が誕生する（高木、1978、418-474）。試験所は国立栄養研究所長の佐伯に要請し、下田吉人が1925年に試験所技師に着任した（萩原、1960、95）。1928年には試験所に栄養研究部が設置された（元山、1968、111-112）。

　学界における栄養学の興隆を背景に、試験所は大阪市の食に関する調査や市民への栄養改善事業の一環として、1929年に「かねてからねらいをつけていた」小学校の弁当調査に着手した（下田、1967、151）。試験所が弁当に注目した理由は、弁当改善を通して家庭の食事改善を図れると考えていたからである。下田は、一日の食事の三分の一である弁当の栄養調査によって、家庭での食事の栄養状況全体を把握できると主張した。「完全」な弁当を作る家庭では一日の食事の栄養も「完全」である可能性が高いと認識された（下田、1933、40）。試験所は、弁当は「家庭に於ける栄養の如何を卜すべき唯一の着目点」であり、「私達は学童弁当の改善を家庭に於ける児童栄養改善の第一歩として至急に実行していたゞきたいと切望している」と述べた（大阪市立衛生試験所栄養研究部、1933、30）。

　試験所が弁当を重視した第三の要因として、広範な階層の子どもを「より健康」にするための、救貧にとどまらない社会事業の必要性を認識していた点を指摘できる。周知のように、大阪都市史では社会において周縁化された人びとへの救貧事業が主たる研究対象とされてきた[*2]。一方で、1910～20年代は生活環境の改善を通じて「人類の改良」を謳う優境学など「質」に関わる人口論を海外から日本が受容し、児童愛護への社会的関心が高まっていった時期でもある（杉田、2019）。同時期に大阪では児童保護事業が他地域に先駆けて展開されていた。1921年に民間組織の大阪児童愛護連盟（以下、連盟）が誕生し、中産階級の家庭を主な対象として

健康優良児の表彰事業や機関誌『子供の世紀』を通して、家事・育児に関する母親を対象とした啓蒙・教育が行われるようになった（大出、2022）。連盟は、従来の社会事業は病や救貧を主眼とした「消極的」な事業であったが、不健康な子どもを治療するだけなく、健康な子どもたちを「より健康」にする「積極的」な事業が必要であると考えていた（伊藤、1931、3-4）。

連盟と連携し機関誌に寄稿していた試験所は[*3]、「一人の重篤患者を救ふのは勿論必要であるが、その為に百人の病者を忘れて好いと云ふ事はない。私達は欠食児童への給食を感謝すると同時に、給食されざる児童の弁当の改善に関して、今一層の注意を向けて欲しいと思ふ」（大阪市立衛生試験所栄養研究部、1933、30）と述べた。すなわち、試験所は連盟のように既に健康な子どもを「より健康」にすることの意義に共感しつつ、貧困による欠食はないが弁当の「栄養不良」によって十分に健康とはいえない子どもたちを健康にすることを射程に入れていたのである。このような、従来の「救貧事業」にとどまらず、さらに一部の恵まれた健康な子どもたちに限定しない社会事業を展開する上で、格好の対象とされたのが学童弁当であった。学校は広範な階層の子どもたちが集う場所であり、当時の昼食は家庭から弁当を持参することになっていたからである。この方針の背景には、先述した栄養学の興隆、さらに生活環境改善によって人口の質を「改良」しようとする優境学が社会のなかで存在感を表し始めていたこともあり、栄養学者の下田を代表とする試験所員はこのような調査・研究と事業に邁進していったといえよう[*4]。

2　学童弁当調査が映し出す弁当の実態と階級・階層性

以下では、弁当調査の内容を明らかにし、弁当の階級・階層性について考察する。試験所員が学校に出向き、生徒の弁当を昼食前に検証した。衛生上の理由から学校の了解を得ることは容易ではなかったが（下田、1967、151）、最終的に大阪市内の合計25万もの小学児童の弁当を調査対象とした（大阪市立衛生試験所、1929、131）。各小学校では、秤量係、記録係、弁当箱整理係が三人一組となり、男女別、学年別に生徒の弁当のカロリー、蛋白質量、飯米量、おかずの数・種類などを測定した。

報告書では、学年と性別に応じて定められた必要な栄養量の標準値が提示され、測定結果の最大・最小値、平均値が算出され、標準値との比較によって、栄養状況の分析が行われた。調査結果として、半数近くの弁当が量・質ともに「不良」と判断された。特に高学年の児童において「栄養不足の弁当」が多かったのは、弁当箱が低学年から変わらず同じ大きさであり、学年ごとの栄養の標準値よりも大幅に下回ったためである。弁当箱の新たな購入や食の増量は困難だったのかもしれないが、弁当箱を子どもの成長と共に大きくするという認識が、家庭に浸透していなかった

ようである。弁当の質が「不良」だったもう一つの原因は、おかずの数の少なさにあった。9割以上の弁当でおかずの数が少なかったと指摘され、平均1.43種で、1種類の弁当は全体の65.3%、2種類は28.3%であった。おかずの種類は卵が最も多く、次に漬物で、おかずの数・種類ともに少なさが明らかになった[*5]。試験所は総括として大阪市の学童弁当は「甚だしく不良」であり、この結果は家庭が子どもの栄養に「無関心」であることを示しており、弁当改善は急務であると主張した（下田、1933、47）。調査結果を受け、試験所は同年に大阪市内の小学校13校、幼稚園3校での調査を追加した（大阪市立衛生試験所、1929、133）。

次に幼稚園児の弁当調査では、試験所は1933年に大阪市中央部の「富裕地域」における二つの幼稚園で調査を実施した（大阪市立衛生試験所、1932、124）。合計377名の弁当調査の結果は、それ以前の他の地域の幼稚園や小学校の結果よりも「良好」であり、「完全」なものが多かった。また、小学校の調査と同じく多少の地域差が確認され、市中央部のほうが周縁部に比べて「良好」であった。

ここで、幼稚園の調査結果から小学校の弁当との相違をみてみよう。まず、幼稚園での調査は時間と手間を要した。幼稚園での調査を主導した茶珍俊夫によれば、調査時に湯呑や箸箱、ふきんなどの付属品が多かったために弁当袋から弁当箱を取り出すのに手間がかかり、幼稚園の先生方に協力してもらったという（茶珍、1933a、32-33）。幼稚園児の弁当から、小学校での弁当調査ではみられなかったものを持たせる経済的余裕が幼稚園に通わせる家庭には存在したといえよう。

さらに、おかずの数・種類ともに幼稚園の弁当は「良好」と判断された。各幼稚園のおかずの数の平均は、一番多くて2.0種類で、他の幼稚園でも1.9種類や1.5種類以上がほとんどであった。またおかずの種類も豊富で、幼稚園の場合も大半が卵と漬物であったが、次いで蒲鉾や竹輪、ちりめんじゃこ、梅焼、牛肉、鮭、カツオ、ほうれんそう、じゃがいもなどが確認され、おかずの数と質（種類の豊富さ）に違いがみられる。さらに、小学校の弁当では果物が入ることは稀であったが、幼稚園ではおやつとしてびわやリンゴが弁当に添えられており、茶珍は子どもが喜ぶ「おやつ」の追加に「お母さんの心遣ひ」がみられて嬉しいと述べている（茶珍、1933a、39）。

このような幼稚園と小学校の弁当の格差の背景には、家庭の階級・階層の差が指摘できよう。「幼稚園令」（1926年）の公布により1942年頃にかけて全国で幼稚園数が年々増加し、大正末期以降から中間階層家庭の幼児の入園が増加した（日本保育学会、1969、342-343）。昭和期にはいると託児所が急増し、利用者の多くが母親も働きにでている階層であった一方で、1930年代の幼稚園は「中流以上」の就学前児童が通うものになっていた（小林・田中・松田、2016、132-133）。茶珍は「愛し子に、なるだけ温い御飯を食べさしてやりたい親心」から昼食直前に弁当が届け

られていたと報告している（茶珍、1933a、32）。女中ではなく母親が昼食時間に合わせて家庭から弁当を届けていたことから、彼女たちは日中仕事をしている職業婦人ではなく、性別役割分業が確立した新中間層以上の専業主婦であったことが推測される。つまり、幼稚園の弁当が小学校のそれと比較して、質・量ともに「良好」で、弁当の付属品にまで配慮が行き届いていたことは、経済的・時間的な余裕がある家庭によってこそ可能であった。このことは、当時関心が喚起されていた栄養学的な知識にアクセスできたかどうかとも関係していただろう。つまり、弁当のありようは階級・階層と連動しており、弁当はそうした階級・階層の違いを映し出す鏡でもあったのである。

こうして、それ以前にはあまり公にされなかった家庭での弁当作りが可視化され、弁当の栄養状況が問題化されたことの社会的影響は大きかった。試験所は初めに小学校の弁当にアプローチし、大規模な調査を実施したが、この方法は社会一般に向けて弁当を問題化する上で効果的であった。義務教育である小学校の大阪府における就学率は大正末期に99％を越え、1930年代初頭も98％以上で、広範の階層の子どもたちが就学していたため、試験所は小学校で調査をすることにより当時の子どもの弁当の全体像を捉えることができた（大阪府教育委員会、1973）。これによって試験所が家庭の食による子の栄養状況を把握し、その問題点を社会に説得的に提示することが可能になったといえる。

Ⅱ 学童弁当改善と賢母教育

ここでは、試験所がどのように弁当と母親の役割を位置づけ、いかなる主張や事業を行ったのかをみていく。

学童弁当調査の「不良」な結果を受け、試験所は幼稚園・小学校それぞれの調査報告書で次の三つの提言を行った。

1. 弁当箱の型を公定し、年齢に応じて使用させること
2. 児童栄養に関する「常識」を家庭（特に主婦）に徹底させ、副食物の改善を図ること
3. 学校給食の実施（下田、1967、47）

前述した茶珍は、小学生の弁当よりも幼稚園の弁当が「良好」であったものの、それでも栄養量が「不完全」なものが多数あることを認識すべきと述べ、栄養状態の「完全」な弁当を毎日作ることを家庭に求めた（茶珍、1933、39）。弁当調査を終え、試験所は主に弁当箱の大きさ、おかずの数・質を改善すること、そのための

母親への啓蒙・教育を試みた。学童弁当改善運動では、改善の担い手は親ではなく、女中でもなく、「母」と規定された。以下では、学童弁当の「不良」の理由を母親とし、改善の責任は母親にこそあると主張されていくプロセスをみていく。

1 「おかあ様の心のお弁当」と子どもの健康責任の所在——弁当の特別化と母親批判

『家事と衛生』の発行期間（1925～1944年）で、弁当に関する投稿は1933年から1939年に集中している。「弁当」がタイトルに含まれた投稿は24本ほどあり、弁当を主題としない論文においても弁当が頻繁に言及されるようになった。同時期の別の雑誌や書籍等でも、試験所は弁当調査の結果と改善策に関する情報を精力的に発信していった。『家事と衛生』では、24の投稿のうち8つが調査について具体的に紹介されたもので、他は献立やレシピなどの具体的な改善方法に関するものであった。

掲載された記事の内容の特徴として、学童弁当を特別視する論調と母親批判がある。ほぼすべての記事において弁当作りが母役割の一部と想定された。茶珍は以下のように学童弁当を特別なものとする論調を展開した。

> 青や赤と、色とり／″＼の大きな弁当袋を大事に抱へて幼稚園に通ふ子供達を街頭に見出す時、思はす微笑るる。遊ぶ事と眠る事とそして食べる事が毎日の仕事である彼等には、ほんとに大事な弁当だ。楽しみの玉手箱だ。今日より健かな明日を迎へる為めに、月に、年に更に更に強く育つ為めに、大事な使命を分担された弁当だ（茶珍、1933a、31）。

このように母親と弁当を結び付ける上で、弁当が子どもにとって「楽しみ」であると同時に、子どもの健康・発育において「大事な」ものとして位置づけられ、弁当がいかに特別な「使命」を担うものかが力説されている。

次に母親の弁当作りを批判する論調については、二つに大別できる。第一に、弁当が「不良」であることに対する母親の責任を強調するものである。新学期の学童栄養弁当献立案では弁当が「おかあ様の心のお弁当」と表現され、子どもの健康に関することは「世の母様の全責任」であると明示された。さらに、より良い弁当を作るためには栄養知識だけでなく、母親の愛情がその根本において必要であると説かれた。試験所員らは母親の愛情は「食事に現れ」、「食事を通じて」子に愛情が伝わるのであると唱えた（太田要次、1938、68）。他にも試験所は、子どもの「剛健の体躯と高朗なる精神」を養うことと弁当を結びつけて、実施された弁当調査の結果に対して「遺憾」であると指摘した。ここでも、母親たちに対して弁当作りの「絶

対的責任」があることへの自覚を求めた（太田、1933、87-88）。試験所所長の藤原は「学童弁当の改善」の冒頭で、社会や学校での「体育運動」は子どもの栄養状態の良否によるため、発育期の学童の栄養状態を充分にすることが「国家富強」において重要だと論じた（藤原、1931、51）。

　第二に、母親の家事・育児への献身と弁当をダイレクトに接続させるものがある。弁当は「母親の栄養への心得や心尽し」の証とされ、弁当の栄養状態をみることによって母親の子への心遣いや愛情を測ることができると述べられた。しかし、多くの母親が「栄養等を度外視して随分ひどいものを持たせて」いると批判された。そしてその原因は、母親の「愛児への心尽し」が足りないことに結び付けられた。「不良」な弁当を作る母親は、子どもに対する心遣いや愛情が足りず、よって「不良」な弁当は母親の「過失」であると結論づけられた（戸邊、1939a、65）。また茶珍は、子どもにお金を渡しパンなどを買わせるような家庭は「いい加減」であり、子どもの栄養に留意していないと非難した。どれほど忙しくても子のために弁当を手作りすることが母親たちに要求されたのである（茶珍、1933a、31-32）。こうして、良い弁当を作る母親が家庭での食事や栄養に注意を払う良い母であり妻でもある（良妻賢母）とみなされるようになったのである。ここに、愛情弁当論の萌芽をみてとることができる。

2　大阪市立衛生試験所による広報・啓蒙活動

　学童弁当改善運動において、最初に試験所が開催したのは展覧会であった。1929年6月に一週間ほど大阪三越百貨店で台所衛生展覧会が催され、「栄養弁当の献立」が展示された（大阪市立衛生試験所、1929、190-191）。1930年に試験所で衛生展覧会が開催された際には10日間で延べ7万人以上が入場し、弁当に関する展示を鑑賞した（大阪市立衛生試験所、1930、154-155）。試験所は大阪各地の展覧会でも弁当の展示を出品した（大阪市立衛生試験所、1930、155-156）。

　さらに試験所は「小学校の弁当について」や「弁当の話」と題する講演会も実施した。創立25周年式典（1931年）で配布された記念パンフレットには「子供の御弁当と間食」が掲載された（大阪市立衛生試験所、1931、142）。さらに、1933年に4日間試験所は、第一回学童弁当料理講習会を開催した。地方からの参加者を含め、弁当改善に関心を持つ多数の母親の申し込みがあった。講習会では、参加者は講演後に割烹着に着替えて料理実習を行った。試験所員による演題は「子供の弁当と母親としての注意」（藤原）、「お弁当献立の作り方」（下田）、「学童弁当のおかづ」（茶珍）などであった（家事衛生研究会、1933、66）。さらに同年には幼稚園で「園児の弁当改善に関する講演会並に研究会」が開催され、百数十名の「母姉」が参加し、熱心に学んだという（太田、1933、88）。

上述した講習会や講演会で教示された「完全な栄養量の弁当」の作り方の内容は、第一に主食の不足を改善することを目的としていた。特に子どもの学年が上がるにつれて主食を増量することが母親たちに求められた。第二に、試験所は蛋白質量の不足を問題視した。具体的には肉・魚類や豆製品の材料を使った副食物を追加するように指導した。第三に、ビタミン摂取のために野菜を使った副食物も入れるよう指示した。なお、副食物の種類は異なる栄養素を摂取するためにも2種類以上を入れる必要性が説かれた（茶珍、1933b、61-63）。1938年に実施された料理講習会でモデルとなった弁当の写真（図1）からは、多くの副食物が入っていることが確認できる。

図1：講習会で作られた弁当（左）と学童弁当講習会の様子（右）

出所：家事衛生研究会、1938、「学童栄養弁当講習会開かる」『家事と衛生』家事衛生研究会、14（6）、56頁
https://doi.org/10.11468/seikatsueisei1925.14.6_56

　母親向けのこのような学童栄養弁当講習会では、男性の所員や外部講師が教育を担当していた。だが、家庭料理を担う女性で実際に母親である講師が求められるようになり、1937年には太田いそ（のちに帝塚山短大教授）が、試験所事務嘱託員として採用され、以降は太田が調理実習の講師を務めた。太田は早くに夫と祖父を亡くしたが、家事科教員として日本や朝鮮の高等女学校で働き、1人で家族を経済的に支えながら母親として家庭料理にも励んでいた（村田、1989）。所長の下田は1968年に当時を振り返って、栄養学者は料理について無知であり、料理の先生は栄養学について無学であり、栄養学者は「まずい料理を口の中に押しこもう」とするため、主婦たちが困ってしまうと考えたと回想した。当時下田は「主婦の相談相手になる、主婦の経験のある料理の先生」が必要であると考え、妻として家庭を持ち、母として7人の子どもを育て、家庭料理の手法を体得した太田を講師として招聘したのである。当時の参加者の女性たちは太田を「母親以上」の存在として憧憬の念を抱くようになったようである。彼女の料理には「信者」が多数おり、無給助

手の志願者が彼女のもとに押し寄せた。下田は太田を母、学者、教育者である一人の女性として「理想の女性」と讃えた（下田、1968、145-146）。

　太田は一日の食事のなかでも弁当こそ「母性愛の結晶」であると述べ、母という立場や経験を活かして、母親たちに家庭料理、とりわけ弁当作りの献立・調理技法などを指導した（太田いそ、1938、43）。太田の採用と活躍をジェンダー視点から分析するならば、料理を教える教師がロールモデルとして女性化されただけでなく、男性の試験所員や栄養学者と一般家庭の女性を繋ぐ中間的存在として太田が重要な位置を占めることになったと捉えることができよう。従来の研究史では栄養思想を普及する側を佐伯矩などの男性栄養学者とし、普及の受け手側を一般女性全般として想定していたが、男性の栄養学者の下で太田のように栄養思想を普及する側にも女性が存在した点を看過すべきでない。栄養や食の権威である男性科学者は栄養学の知識が豊富であったがその学問の領域を越えるべく、家庭で日々料理を実践する一般の女性たちを学童弁当改善運動に巻き込む上で、太田のような女性が中間者として両者を繋いだのである。

Ⅲ　学校給食における母役割と「母体保護」

　試験所は学童弁当改善に取り組みながらも、当初から子どもの昼食改善の最善策として全児童への学校給食実施を訴えていた[*6]。一見すると学校給食拡大を求める主張は、母親たちの弁当作りによる負担を軽減し、手作り弁当をめぐる規範や母役割からの解放を含意しているように思われるが、実際はどうだったのか。以下では、試験所が全児童向け学校給食を昼食改善の最善策と認識しながらも前節で論じたように母親を対象にした改善運動を展開した意図と、学校給食拡大の訴えにおける母役割や規範の様相を検討する。

1　学校給食と母役割

　試験所が学校給食拡大を訴えながらも、学童弁当改善を社会に主張し、母親への啓蒙・教育を実施していた背景には、子どもたちの栄養改善に直接的に介入する目的があった。1932年に文部省が公布した「学校給食臨時施行令」により国策として初めて学校給食が開始されたが、対象は欠食児童のみだった。大阪では1933年に欠食児童への学校給食の実施が開始されたが、1933年時点で給食利用児童は約1％で、全児童向けの学校給食は未整備であった（大阪市社会部労働課、1933、34）。試験所は、学校給食が欠食児童に限定されていた当時を全児童対象の実施に向けた「過渡期」であると認識し、制度変更は容易ではないため、目の前の学童弁当を早急に改善する必要があるとした（保多、1933）。また前述したように、弁

改善運動では昼食改善だけでなく、母親への食の知識普及を通して朝晩の家庭の食事改善を試験所は狙っていた。試験所は弁当改善運動を通して、同時に母親たちへの栄養に関する啓蒙・教育を試みたのである。

このように学童弁当改善運動で学校給食拡大が訴えられた過程において、給食拡大によって母親たちの負担を解消・軽減しうると試験所は強調できたはずであるが、しなかったのである。その理由には母役割や規範の存在があろう。

さらに試験所は給食を通じても母親たちへの栄養知識の普及を図っていた。試験所は全児童向け学校給食によるいくつかの利点を説明するなかで、「栄養及家事知識の家庭への普及」（下田、1936、17）と「保護者の教育」を指摘していた（藤原、1933、5-6）。後者については、「学校給食は保護者に対し児童の栄養に就いて自然に大なる関心を有たしめる様になる。かくして学校給食の目的は家庭食の欠陥を補ふに過ぎざるものなることを認識せしめ、進んで家庭に於て無智の結果陥つて居る児童食の改善を計らしめなければならぬ」と述べられた（藤原、1933、5-6）。また、のちに全児童向け学校給食実現に貢献したとされる原徹一も『家事と衛生』で母親への教育効果に言及している。原は「子供が『学校の御馳走は大変おいしい、お母さん家でもあんなのを作つて下さい』と言へば、母は子供の愛に引かされて作つてやると云ふ事になり」、そして「熱心な母親になれば学校の教を受ける様にもなる」と予想した。その結果として家庭の食事が、合理的になり経済的にもなるとし、「学校給食は母姉を教育する手段となる」と主張した（原、1933、12）。

加えて、学校給食の実施によって女子生徒への良妻賢母教育が行われた側面もある。1930年代、高等女学校での給食は積極的に実施され、実施校は中等学校54校中44校が高等女学校であった（小島、1993、90-91）。将来母親となる女子生徒に学校給食を通して栄養知識の教育が図られていた。『家事と衛生』でも、大阪府立の高等女学校での学校給食の取り組みが紹介されており、その日割烹実習を受ける20人の生徒が午前中に実習として、給食希望生徒のために給食の調理や配膳を担当した（庄、1933）。戦前期に学校給食の普及や家事科教育に取り組み、佐伯と交流があった林勇記は、1945年に、高等女学校では給食を実施するのは欠食児童の救済のためではなく、「将来台所をあづかり家族の健否の鍵を握る女性の教育」のためであると説明している（林、1945、116）。

さらに、給食の作り手には母性愛が求められた。1940年に下田は、兵庫県で芦屋婦人達が「子供の愛に惹かされて」小学校の給食の調理を開始したと紹介し、その取り組みを「母性愛」に基づくものとして賞賛した。下田は、婦人たちは女中を5、6人ほど雇って台所の仕事を任せる余裕があるにも拘わらず、早朝から給食のために調理・盛り付け・後片付けを熱心に行ったことを強調した（下田、1940、44）。女中ではなく、児童の母親たちが給食時間前に学校へ行ってわざわざ準備し

たことによって、給食は価値あるものとされたのである。

2　学校給食による「母体保護」の主張

　他方で試験所は母親たちを保護する意図で、栄養不良に陥り易いとされた母親たちの健康改善のために学校給食を拡大すべきだという主張も行った。しかし、以下で述べるように、ここでも根底に存在したのはあくまで健康な子どもを産み育てるための母役割や規範であった。

　第二次世界大戦前の1941年、下田は「少国民」（子どもの意）への食糧の量が減っているにも拘わらず、「何が故に国民学校で給食を断行しないのか不審でならぬ」と述べ、全児童への学校給食実施の必要性を改めて主張した。子どもの栄養不足は「家族の――いたましいことには主として母親の――犠牲によって補はれてゐる」（つまり母親は自分の食べる食糧を子に分け与える）ため、十分な量・質の食事を摂取できないことによる母体の健康問題を改善し、「人口政策上最も大切であるべき母親」を保護するために学校給食が必要とされた（下田、1941、4）。

　このように「母体保護」が謳われている背景には、1940年ごろから子どもを産み育てる銃後の母の役割（国家的役割）が一層重視され、母親がその責任を自覚し、自助努力によって達成することを求められた。例えば、試験所は「母乳に優る栄養無し、愛児を人工栄養に移す可からず、之こそ母乳報国」であり、「母乳栄養こそ現下銃後母性に課せられた重大責務」であるとし、母親は「育児に当つては万難を排しても母乳で保育する事に努力すべき」と述べた。試験所は母親たちに生活習慣や食事の改善、適度な運動を「母性の座右の銘として実行努力」することを「切望」したのである（野須、1941年、25-33）。

　試験所は繰り返し強調した。「健康な小供は健康な母体からでなければ望み得ない、健常でなければ子女を育成することも出来まい」と。そして、このことを母親が十分に認識し、自身の健康改善につとめるよう「銃後家庭婦人の猛省を促す」と試験所は断言したのである（藤原、1941年、2-7）。

　このように、試験所は母親の自助努力に加え、学校給食拡大という国策によって母体改善がなされるべきだと主張した。しかしこのような母親たちに対する保護的な政策の主張の根底に存在したのは、健康な子どもを産み育てる銃後の母の役割の重視である点を見過ごしてはならない。なぜなら、これは女性個人のためではなく、子のための母役割の強化についての公的要請にほかならないからである。

　以上のように、学校給食拡大を求める主張においても、弁当や家庭の食事作りにおける母役割とその責任が強調され、さらに母体として健康な子どもを産み育てるために食を通して健康に励むべきという女性規範が強化されたのである。

おわりに

　本稿では、20世紀前半の総動員体制下での女性の組織化や生活改善運動に関する従来の研究では明らかにされてこなかった、衛生事業としての子どもの発育・健康と食・栄養への関心の高まりと母役割について、学童弁当改善運動をとりあげて検討した。試験所は大規模な弁当調査によって弁当の栄養状況の「不良」を問題化し、母親を対象として弁当改善のための諸事業を実施し、同時に全児童向け学校給食導入の必要性を訴えた。この運動の過程で、弁当や家庭の食事作りに関する母役割が強調され、さらに母体として子どもを産み育てる女性の母役割や規範が強化された。そして20世紀前半に子どもの衛生をめぐり発育・健康と食・栄養が強固に結び付けられ、母親にその責任が担わされ、母親の愛情の程度によって子の健康状態が決定されるという認識が広まったことが明らかとなった。それゆえに、本稿が扱った20世紀前半にこそ、現代日本社会に定着している愛情弁当論の起源が求められるといえる。

　また、子どもの弁当作りといった日常の食の営みの回路から母役割や規範が浸透していったありようを本稿で提示したように、国家による家庭への関与や近代家族の誕生を対象とする女性史・ジェンダー史研究にとって、食の視点からの分析が有効であろう。周知のように、近代家族（教育家族）が大衆化するのは第二次世界大戦後であるが、学童弁当改善運動は、我が子を大切に育てる責任を母親が担い、子ども中心主義の意識の基盤を形成していくようになったという意味で、のちの近代家族の大衆化の一端を担ったという歴史的意味があったといえよう。

　最後に、学童弁当改善運動において階級・階層差による社会構造的な要因は捨象され、学童弁当の栄養不良の原因を母親に求め問題を単純化することで、弁当作りに関する理想的な母親モデルがつくられたが、それは現代でも存続しているように思われる。試験所は「母の責任」、「母性愛」、「知識不足」を強調し、母親たちに自己努力によって弁当を改善させるよう仕向けたが、それは階級・階層による母親たちの置かれている状況の違いをふまえての指導ではなかった。また全児童向け学校給食の導入によって、こうした階級・階層差による母親たちの負担を解消できると試験所は強調できたはずだが、そうはしなかった。現代日本社会においても、シングルマザー、共働き夫婦、管理職女性、専業主婦など母親たちの置かれた状況の差異が十分に考慮されずに、愛情弁当は子どもへの全母親の愛情や献身の証として単純に美化されている。今こそ愛情弁当論が特定の歴史的文脈のなかで構築されたという事実に向き合うべき時がきているのではないだろうか。

＊本稿の執筆にあたって、史料調査は大阪市立中央図書館、大阪健康安全基盤研究所天王寺センター図書室、国立国会図書館で行った。なお、史料の引用に際し、原則として旧漢字は常用漢字に改め、仮名遣いは原文のままとした。また、本稿は JSPS 特別研究員奨励費 JP24KJ1138 の助成を受けた。

註

* 1　2011年時点での給食実施の全国平均は 80.9％であるのに対し、本稿で取りあげた大阪府の実施率は 7.7％（36校）と全国最下位だった。学校給食に関する大阪市議会の議論では、保守派の政治家から母親と子の絆を深めるものとして「愛情弁当論」が持ち出され、給食より弁当持参が推奨される旨の発言がされた（「中学給食、ご当地の事情──全国8割、大阪は 7.7％費用ネック」『朝日新聞』社会、2011年2月18日、朝刊、39）。
* 2　大阪都市史研究では、これまで被差別部落、朝鮮や沖縄からの出稼ぎ労働者・移民などの人びとの生活実態が主題となってきた（杉原、[1998] 2023；吉村、2012）。また大阪市行政史・政策史、社会福祉史研究では、第7代大阪市長（1923-35）の関一の都市政策思想や、大阪独自の行政機構であった大阪市社会部による広範な社会調査などを中心に、「東洋のマンチェスター」と当時呼ばれていた大阪での深刻な社会問題や歴史・社会的に周縁化された人びとの生活に対する先駆的な自治行政や社会事業が明らかにされてきた（芝村、1998；吉村、2022）。
* 3　『子供の世紀』に、藤原は「子供のお弁当に就て」（1929）「理想的な小学児童のお弁当」（1930）など計11回、下田も「栄養の足らぬ小学生の弁当」（1930）「子供の弁当を作る時の心得」（1936）など計4回寄稿している。
* 4　藤原と下田は、兵庫を拠点とする日本優生学会の『優生学』に寄稿していた。藤原は1930年に「小学生の理想の弁当」（第7年5号）を、下田は1932年に「学童弁当に関する調査」（第9年6号）「学童弁当に関する調査（二）」（第9年7号）を寄稿していた。食・栄養改善による子どもの健康・発育改善の取り組みと優境学の興隆は絡み合っていたと考えられる。
* 5　試験所は「勿論たゞ一日の弁当を検してその生徒の弁当の栄養価を云為するのは、一斑を見て全豹を云々するより愚かも知れぬ」と自覚しつつも、「全市各区の小学校について連日に亘つて調査する事は不可能である」ことや「四千人に近い大数観察である点」を考慮し、各児童に対し一週間などまとまった期間ではなく「全部一校一回」限りの調査手法が用いられた（下田、1933、40）。
* 6　現代日本社会で一般的にイメージされる全児童向けの学校給食は、1954年の「学校給食法」制定が土台となっている（藤原、2018）。

参考文献

Allison, Anne. (1991). "Japanese Mothers and Obentōs: The Lunch-Box as Ideological State Apparatus," *Anthropological Quarterly*, The George Washington University Institute for Ethnographic Research, 64 (4), 195-208.

茶珍俊夫、1933a、「幼稚園の弁当調査」『家事と衛生』9 (1)、31-39.

―――、1933b、「学童弁当の献立」『家事と衛生』9 (1)、61-68.
―――、1956、「大阪市立衛生研究所は何をしたか」『家庭科教育』家政教育社、30 (12)、13-16.
―――、1960、「学校給食の発達と二、三の栄養問題」『生活衛生』4 (2)、100-104.
藤原辰史、2018、『給食の歴史』岩波書店
藤原九十郎、1931、「子供の食物と弁当」教育学術研究会編『小学校 初等教育研究雑誌』同文舘、50 (6)、45-56.
―――、1933、「学校給食の効果と其の実施方法」『家事と衛生』9 (1)、2-7.
―――、1941、「家庭生活の新体制」『家事と衛生』17 (5)、2-7.
―――、1965、「故茶珍俊夫博士追悼」『生活衛生』9 (5)、150-168.
古久保さくら、2002、「1930年代における母役割の再編」『人権問題研究』大阪市立大学人権問題研究会、2、59-70.
萩原弘道、1960、『日本栄養学史』国民栄養協会
林勇記、1945、『学校給食の新研究』有朋堂
原徹一、1933、「学校給食」『家事と衛生』9 (1)、8-15.
市立大阪衛生試験所、1910、『市立大阪衛生試験所一覧 第一版』
伊藤悌二、1931、「母親のメンタルテスト」『子供の世紀』大阪児童愛護連盟、9 (3)、2-9.
家事衛生研究会、1933、「学童弁当料理の講習」『家事と衛生』9 (4)、66-71.
小林浩子・田中ふみ子・松田知明、2016、「幼稚園・保育所の大正15年から昭和戦後期までの成立過程と制度――山形県内を例として」『羽陽学園短期大学紀要』、10 (2)、17-27.
小島しのぶ、1993、『学校給食変遷史』大学教育出版
小山静子、2022 (1991)、『良妻賢母という規範』勁草書房
―――、1999『家庭の生成と女性の国民化』勁草書房
松元文子、1980、「下田吉人先生を悼む」『調理科学』日本調理科学会、12 (4)、69.
牟田和恵、1992、「戦略としての女――明治・大正の『女の言説』を巡って」『思想』812、211-230.
元山正、1968、「下田吉人先生の叙勲をお祝いする会に出席して」『調理科学』1 (2)、50-51.
村瀬敬子、2023、「『子ども向け弁当』をめぐる母の『手作り』規範――食とジェンダーの歴史社会学」南直人編『食の展望――持続可能な食をめざして』農山漁村文化協会、21-46.
村田希久、1989、『栄養学とともに大正・昭和に生きた母・娘』化学同人
村田泰子、2000、「栄養をめぐる知とジェンダー――栄養学の誕生と〈母〉の創出」『京都社会学年報』8、京都大学文学部社会学研究室、123-145.
永原和子、1985、「女性統合と母性――国家が期待する母親像」脇田晴子編『母性を問う (下) 歴史的変遷』人文書院、192-218.
日本保育学会、1969、『日本幼児保育史 第三巻』フレーベル館
西川純司、2022、『窓の環境史――近代日本の公衆衛生からみる住まいと自然のポリティクス』青土社
野田潤、2015、「家族への愛情は弁当からか」品田知美編『平成の家族と食』晶文社、118-125.
―――、2022、「近代日本の家族における『食=愛情』の論理と手作り料理に求められる水準の上昇――新聞記事の分析から」『人文・社会科学論集』東洋英和女学院大学、39、27-46.
野須新一、1941、「戦時下の人工栄養に就て」『家事と衛生』17 (9)、25-33.
大出春江、2022、『赤ちゃん審査会というメディア・イベント――写真帖が語る近代日本の児童保護と社会事業』大阪大学出版会
大阪府教育委員会、1973、『大阪府教育百年史 第1巻 概説編』

大阪市立衛生試験所、1924、『大阪市立衛生試験所事業成績ノ概要』
―――――――、1929、『事業成績概要 4 巻』
―――――――、1930、『事業成績概要 5 巻』
―――――――、1931、『事業成績概要 6 巻』
―――――――、1931、『創立二十五周年記念 事業沿革誌』
―――――――、1932、『事業成績概要 7 巻』
大阪市立衛生試験所栄養研究部、1933、「弁当調査の方法」『家事と衛生』家事衛生研究会、9(1)、26-30.
大阪市社会部労働課、1933、『大阪市設社会事業要覧』
太田いそ、1938、「虚弱児童の栄養弁当献立案」『家事と衛生』14(5)、42-47.
太田要次、1933、「幼稚園児の弁当献立に就て」『家事と衛生』9(11)、87-91.
―――――、1938、「新学期の学童栄養弁当献立案」『家事と衛生』14(4)、68-70.
芝村篤樹、1998、『日本近代都市の成立――1920・30 年代の大阪』松籟社
下田吉人、1933、「学童弁当に関する調査」『家事と衛生』9(1)、40-47.
―――――、1936、「常識としての栄養学」『家事と衛生』12(1)、1-27.
―――――、1938、「銃後の栄養」『家事と衛生』14(10)、2-6.
―――――、1940、「学校給食の思出と希望」『学童の保健』日本学童保健協会、11(125)、43-47.
―――――、1941、「時局下に於ける学校給食」『学童の保健』12(140)、2-8.
―――――、1967、「あのころ――衛生試験所時代の思い出」『生活衛生』大阪生活衛生協会、11(4)、151-154.
―――――、1968、「食生活をきずいた人々――家庭料理の太田さん」『食生活』カザン、62(8)、144-145.
庄太郎、1933、「市岡高女の学校給食」『家事と衛生』9(1)、87-94.
杉原達、2023(1998)、『越境する民――近代大阪の朝鮮人史研究』岩波書店
杉田菜穂、2019、「戦前の人口政策――量と質への関心」小島宏・廣嶋清志編『人口政策の比較史――せめぎあう家族と行政』比較家族史学会、79-100.
戸邊操、1939a、「簡易な学童栄養弁当」『家事と衛生』15(6)、65-69.
―――、1939b、「簡易な秋の学童栄養弁当と偏食矯正心覚」『家事と衛生』15(9)、52-55.
高木和男、1978、『食と栄養学の社会史』(2)科学資料研究センター
髙橋美保、2017、「歴史的変遷からみた『給食』の教育的な役割」『白鴎大学教育学部論集』、11(1)、105-132.
保多義正、1933、「学校給食を実施するには」『家事と衛生』9(2)、11-14.
横田陽子、2011、『技術からみた日本衛生行政史』晃洋書房
吉村智博、2012、『近代大阪の部落と寄せ場――都市の周縁社会史』明石書店
―――――、2022、「大阪市社会部と山口正一――『社会事業研究』を中心に」『関西大学人権問題研究室紀要』83、関西大学人権問題研究室、1-28.

20世紀前半の大阪市立衛生試験所による学童弁当改善運動と母役割
―― 愛情弁当論誕生の史的背景

土屋匠平

　本稿は、20世紀前半における生活改善運動や総力戦体制下の女性の組織化などの公的機関による家庭への関与のなかでも日常生活の食に着目する社会史研究である。本稿の目的は、衛生事業としての子どもの発育・健康と食・栄養に関する母役割や規範が形成された諸相を検証することである。具体的には、1930年代における大阪市立衛生試験所による学童弁当の栄養改善と全児童向け学校給食導入を求める運動である学童弁当改善運動を対象とした。

　この運動の過程で、弁当や家庭の食事作りに関する母役割が強調され、また母体として子どもを産み育てる女性の母役割や規範が強化された。そして20世紀前半に、子どもの衛生をめぐり発育・健康と食・栄養が強固に結び付けられ、母親にその責任が担わされ、母親の愛情の程度によって子の健康状態が決定されるという認識が広まるプロセスを明らかにした。よって、愛情弁当論――栄養豊富な手の込んだ弁当こそが母の（子への）愛情の証とする論調――の起源が20世紀前半にみられると結論づけた。

The Improvement Project for Schoolchildren's Lunch Box by the Osaka Municipal Hygienic Laboratory and the Role of Mothers in the Early Twentieth-Century Japan: The Historical Background to the Birth of *Aijō Bento-ron* (*Bento* with Mother's Love)

TSUCHIYA Shohei

This paper takes the new social historical approach that focuses on food in everyday life, in the involvement of the wartime Japanese state in the family and the nature of gender in this process, such as movements for the improvement of living and the organizing of women. The aim of this paper is to scrutinize the construction of motherhood roles and norms related to children's growth and health, as well as their food and nutrition. Specifically, this paper deals with the Improvement project for schoolchildren's lunch boxes and the introduction of school lunches for all children by the Osaka Municipal Hygienic Laboratory in the 1930s.

This paper indicates how the role of mothers in making *bento* and preparing meals at home was emphasized in almost all stages of this movement and how the role and norms that mothers are responsible for giving birth to and raising children with good health conditions were reinforced. This paper also suggests that, in the first half of the 20th century, there was a strong link associated with child hygiene, between growth/health and food/nutrition, that the responsibility for this was placed on mothers, and that there was a widespread perception that the health condition of a child was determined by the degree of the mother's love. Thus, this paper argues the origin of *Aijō Bento-ron*——a nutritious and elaborate *bento* is proof of a mother's love for her child——can be traced back to the first half of the 20th century.

Research Note

研究ノート

エコフェミニズムにおけるヴァンダナ・シヴァの再評価
――戦略的母性主義の観点から――

笠原恵美

はじめに

エコフェミニズムには本質主義的と社会構築主義的な立場が対立しており、この理論的分断はエコフェミニズムの発展を妨げる一因となっている（Carlassare, 1994）。本研究は、インドのエコフェミニストであるヴァンダナ・シヴァの理論に注目し、彼女の提唱する女性原理の概念はエコフェミニズムの理論的対立を弁証法的に超越する手がかりとなると考える。一方、ケアの倫理を基盤に持つ戦略的母性主義は、母性の戦略的利用を通じて新たな視点を有していると考える。本研究は、戦略的母性主義の概念に注目し、本質主義的・社会構築主義的な視点の両方を持ち合わせているシヴァの女性原理が戦略的母性主義と通底していることを見出すことで、女性原理がエコフェミニズムの理論的対立を超越しうる手がかりになることを明らかにすることを目的とする。

本論文の構成は以下の通りである。Ⅰ節ではエコフェミニズムの学説史を整理して、Ⅱ節では分析枠組みの設定と両者を取り上げる意義について整理を行う。その分析枠組みを用いてⅢ節はシヴァ、Ⅳ節は元橋の理論的背景や分析を行う。最後にⅤ節では女性原理と戦略的母性主義の理論的比較からの考察を行う。

Ⅰ　エコフェミニズムの学説史

エコフェミニズムは1970年代以降、環境問題と女性の抑圧の構造の連関を指摘する思想である。本研究では、エコフェミニストのキャロリン・マーチャントによる類型を用いてエコフェミニズムの議論を進める。彼女は『ラディカルエコロジー』(1994)においてエコフェミニズムを①リベラル・エコフェミニズム（資本主義体制内の制度的改革を目指す）、②カルチュラル・エコフェミニズム（女性と自然の精神的つながりを重視）、③ソーシャル・エコフェミニズム（経済的・社会的な位

階制の打破を目指す）、④ソーシャリスト・エコフェミニズム（再生産の公平を目指す）の４つに分類している。本研究ではマーチャントの類型を用いてエコフェミニズムの議論を進めることにしたい。

　日本でのエコフェミニズムの議論は「エコフェミ論争」(1985) として展開された。青木やよひは、自然破壊を引き起こしてきた「男性原理」に対して自然の宥和的な生活を可能にする「女性原理」の復権の重要性と必要性を論じた（青木、1985）。しかしながら、「女性原理」を主張した青木の議論は、環境運動の母性主義化傾向を危惧したマルクス主義フェミニストの上野千鶴子らから痛烈な批判を受けた（横山、2007）。そしてエコフェミ論争以降、日本のエコフェミニズムは本質主義的や母性主義的と忌避され、国際的なエコフェミニズムの議論をも日本から遠ざけることになった（福永、2008）。

　この論争は本質主義と社会構築主義による理論的対立であったと言えるが、ソーシャリスト・エコフェミニストのメアリー・メラーは、エコフェミニズム内の理論的対立の課題を指摘する。カルチュラル・エコフェミニズムの問題は、社会資本を十分に享受する女性も自然と共存する女性も潜在的にはどちらも地球と調和しているという理屈になってしまうことであると指摘した。対してソーシャル・エコフェミニズムの問題は、「女性が歴史を通じて、またあらゆる文化で支配されてきたことを説明するのに十分な『普遍性』をもった社会的説明が見つけられない」（メラー、1996、232）点であった。そしてメラーは、前者を選ぶと社会的なものがなおざりにされ、後者を選ぶと自然的なものがなおざりにされてしまう袋小路から抜け出すには、「自然的なものも社会的なものも否定せず、人間社会をエコロジー的に制約され、かつ物理的に制約されたものとして唯物論的に分析することで、両者を弁証法的に超越する」（メラー、1996、227-228）必要があるとしている。

　エコフェミニズムへの批判的議論は、主に以下の２つの方向性から展開されてきた。

　まず、本質主義的傾向への批判である。Archambault はエコフェミニズムについて本質主義的で、生物学的決定論に陥る危険性があると指摘している（Archambault, 1993）。また、Carlassare (1994) は、女性の経験を普遍的なものとすることが、実際の女性たちの多様な経験や社会的状況の違いを無視することに繋がることを批判している。第二に、エコフェミニズムの実践における問題点の指摘である。Manisha (2012) は、特に第三世界における女性たちの具体的な経験を元にした思想や女性と自然の関係を強調することが、実際に存在するジェンダー役割を強化する可能性があるという批判を展開している。

Ⅱ　分析枠組みと事例分析

　本項では、女性原理がエコフェミニズムの理論的分断を超越する手掛かりを検討するため、以下の3つの分析軸を設定したい。

　まず、本質主義的概念の戦略的活用について分析する。第二に、抵抗の理論と実践の統合として周縁化された知の政治の実践への展開を分析する。第三に二元論的対立の超越について分析を行う。これらの分析軸に基づいて両者の応答関係を検討することで、エコフェミニズムにおける新たな理論的展開を考察する。

　本研究でシヴァの思想が理論的分断を乗り越える手掛かりを有していると考える意義として、第一にシヴァは、伝統的な古代インドの世界観に基づく女性原理の概念を持ちながらも、「人間を包み込む政治の手法」（シヴァ、1994、7）としており、本質主義的な側面の戦略的活用を示唆している点にある。第二に、シヴァの女性原理は第三世界の女性の視点から、グローバル格差と西欧的家父長制を批判しているという点にある。第三に、シヴァの理論的支柱となったマリア・ミースの「サブシステンス」概念は、生の再生産の基盤でありケア労働と理論的接点を持っている点が挙げられる。

　シヴァの女性原理を分析する視点として戦略的母性主義を用いる理論的根拠は、以下の点にある。まず、戦略的母性主義は母性主義を政治的な手段としており、シヴァの女性原理も政治的利用をしている点で共通している。第二に、戦略的母性主義の背景にあるケア労働がサブシステンス概念と理論的親和性がある点にある。第三に、両理論は周縁化された存在の経験や知識を社会変革の手段として理論的な共通基盤を持っている点にある。本研究は、この理論的接点に注目することで、シヴァの女性原理がエコフェミニズムの二元論を超越する手掛かりについて考察する。

Ⅲ　シヴァの女性原理：概念の理論構造

　シヴァはインド出身の科学哲学を専門とする女性で、インドの伝統的な環境観を再評価し女性と自然の解放を主張して、更にチプコ運動をはじめとするインドの女性たちと環境運動に関わる実践家でもある。彼女はインドで行われた「緑の革命」という農業開発が結果的に土地とそこの文化を破壊する「負の開発」であったことを事例に、問題点を主に二つの側面から指摘している。第一に、西欧的家父長制に基づく開発イデオロギーがある。これは西欧の男性中心の概念を、女性

をはじめとする全ての非西欧の人びとや自然にまで重ね合わせ、「要開発」として隷属させるイデオロギーである。第二に、近代科学の還元主義パラダイムがある。このパラダイムは、自然を機械として見る隠喩に基づいており、そこから分離可能性と操作可能性を前提とした開発が正当化されてきた。こうした近代科学観は、西欧の男性が非西洋・女性・自然を支配する西欧的家父長制を形成してきたとして、シヴァは批判的な立場を取っている。そして負の開発は結果的に資源の減少を招くため、それに対して必要なのが女性原理であり、「プラクリティの復活としてのエコロジーが、政治的・経済的な変革と再編の草の根の力」（シヴァ、1994、22）であるとして、従来軽視されてきた女性の知恵や実践を環境保護運動の中心に据えようとしている。

シヴァは女性原理の回復をすることで「負の開発のこうした家父長制の基礎を超越」（シヴァ、1994、22）するため、社会変革のための政治的手段として扱っている。この点について大越は「本質主義的な物ではなく、歴史的文化的なものであることは明らかである」（大越、1996、76）としており、女性原理は本質主義を超えた戦略的なものとして捉えている。そして女性原理について河上は「エコフェミニズムの『女性原理』や『フェミニンなもの』は、現存の家父長制という連関枠組みの変革のために要請された、（中略）いわば『理念的なもの』」（河上、2002、28）であると指摘している。このように、シヴァの女性原理は、一見すると本質主義的な概念に見えながら、実際には近代的開発への批判と社会変革のための戦略的ツールとして機能している。以上から本質主義と構築主義の二元論の対立を超える手掛かりとして評価できる。

シヴァの女性原理は戦略的活用の側面に加えて、具体的な社会変革の実践へと展開する視座を持つ。第一に、緑の革命を「負の開発」として批判し、それに対して必要なのが女性原理であると唱える点にある。第二に、シヴァは女性原理を「プラクリティの復活としてのエコロジーが、政治的・経済的な変革と再編の草の根の力」（シヴァ、1994、22）とするが、これは自然との関係性を基盤とした社会変革の実践的な方向性を示すものである。このように、シヴァの女性原理は本質主義の戦略的活用を超えて実践的な社会変革として展開していると言える。

Ⅳ　戦略的母性主義の理論構造

元橋は戦略的母性主義における「戦略的」とは、「戦略的本質主義」に手がかりを得ているとしている。そして戦略的本質主義について元橋は「社会において周

縁化され声を聴いてもらえない人々（本書では母親業を担う者たち）が、社会課題との闘争のために『本質』を獲得し用いることを意味」（元橋、2021、64）しているとしている。

　戦略的本質主義は、周縁化されたグループが政治的目的のために一時的に本質主義的アイデンティティを利用する戦略としての役割を果たしてきた。元橋はこの戦略的本質主義の概念を母性の文脈に適用し、戦略的母性主義を提唱した。この母性の戦略的な政治利用という視点は、エコフェミニズムの議論とも接点を持つ。エコフェミ論争で反母性主義の立場であった上野千鶴子も、後に「戦略的本質主義としては〈母性〉は文化資源として大きな動員力を依然として有しており男性にも受け入れやすい」（上野・湯山、2012、30-31）と、母性の戦略的利用の有効性を認めている。このように戦略的母性主義は、母性という概念を戦略的資源として利用しているだけではなく、エコフェミニズムの理論的対立を超越する手掛かりとして見出すことができる。

　戦略的母性主義は理論に留まらず、具体的な政治的・社会的実践への視座を有している。元橋は「母親の政治的なエンパワメントを重視する視座」（元橋、2021、16）として母性を捉え直すことで、本質主義を超える戦略的活用を行った。また、戦略的母性主義は「家族や私の領域を『自然化』」（元橋、2021、32）してきた公私二元論を批判的に検討し、ケア労働の価値を公的領域で再評価する視座でもある。これはメラーが指摘した「自然的なものも社会的なものも否定せず」（メラー、1996、227）というエコフェミニズムの課題に応答する。このように母性を生物学的な性質ではなく社会変革の戦略的資源として捉えることで、理論と実践を結び付ける新たな道筋を示している。

V　理論的比較：エコフェミニズムにおける新たな視座の検討

　シヴァの女性原理と元橋の戦略的母性主義は、主義の本質的側面の戦略的活用と周縁化された知識や経験の再評価という点で理論的に通底している。シヴァの女性原理は「性別を超えたフェミニズムのイデオロギーと、すべての人間を包み込む政治の手法」（シヴァ、1994、7）であり、対して元橋の戦略的母性主義は「母親の政治的エンパワメントを重視する視座」（元橋、2021、16）である。これはどちらも本質主義的とされる要素を戦略的に政治利用する点で共通している。また、シヴァが第三世界の女性を「自然とともに社会を維持する主要な担い手」（シヴァ、1994、5）と捉え、元橋は母親業を担うために社会から周縁化されてきたからこそ「母

親たちの政治的なエンパワメントが重要である」（元橋、2019、10-11）としている。この点で、両理論は従来私的領域に閉じ込められてきた活動を公的・政治的領域に持ち込もうとする戦略的意図を持っている点で共通している。

シヴァの女性原理は、戦略的母性主義と重要な共鳴点を持ちながらも、エコフェミニズムの思想としての特徴も有しており、その独自性は以下の点にある。第一にシヴァは環境破壊の問題点を近代科学観に基づく開発イデオロギーと西欧的家父長制に見出す点にある。第二にインドの伝統的な世界観に基づく自然との調和的な関係性を基礎とする点である。第三に環境運動の担い手であったシヴァの女性原理は、インドの伝統的な世界観に基づいた理論と実践の統合を試みている。

さらに女性原理と戦略的母性主義は、特にサブシステンスとケア労働の概念において重要な共鳴関係を持つ。生命の維持と基本的ニーズの充足を社会の中心に据えるサブシステンスの概念は、「自分よりも弱い者との共存の原理」（元橋、2019、73）であるケアを理論的に結び付け、共に周縁化された存在の経験や知識を社会変革の手段として位置づけている点で共通している。

女性原理は「すべての人間を包み込む政治の手法」（シヴァ、1994、7）であり、戦略的母性主義の概念と共鳴することは、エコフェミニズムにおける理論的対立を弁証法的に超越するという課題に応答するものである。さらに、本質主義の戦略的活用、周縁化された知の再評価、社会変革の実践的展望といった元橋の戦略的母性主義と一致するシヴァの女性原理は、カルチュラル・エコフェミニズムとソーシャル・エコフェミニズムの二元論の対立を超越した視点を持ちえる。

なおシヴァの女性原理が十分な理論的展開を見せてこなかった背景には、日本では反原発運動や自然保護運動の多くが母性主義と緊密に行われていた点とエコフェミ論争によってエコフェミニズムは母性主義フェミニズムの復古につながる危険性があると警戒された経緯がある。しかしケアの倫理やケアフェミニズムの登場により、母性や母親業を本質主義に陥らない議論土壌が形成されたため、戦略的母性主義はシヴァの女性原理とエコフェミニズムの二元論の課題を架橋する理論として機能できるのではないだろうか。

以上の考察から、シヴァの女性原理を元橋の戦略的母性主義の角度から考察することで、本質主義と社会構築主義という二項対立を超えていることを明らかにした。そしてその二元論を超越する視座は、エコフェミニズムの理論的対立を乗り越える手がかりであると言えるだろう。

おわりに

　本研究は、インドのエコフェミニストであるヴァンダナ・シヴァの「女性原理」の概念を、戦略的母性主義の視点から再評価し、エコフェミニズムの理論的対立を超越する手掛かりであることを明らかにした。本研究では本質主義的概念の戦略的活用、周縁化された者の実践的な展開、二元論的対立の超越の３点から分析を行った。分析の結果、シヴァの女性原理と元橋の戦略的母性主義は理論的に通底しており、女性の経験や知識を社会変革の手段としている点で共通している。そのためエコフェミニズムの理論的課題に対して、シヴァの女性原理が新たな理論的な展望を拓く道筋を示した。

註

シヴァがミースを理論的支柱にしているという表現は、福永真弓、2008、「エコフェミニズム」加藤尚武編著『応用倫理学事典』丸善出版、150-151.から引用している。

参考文献

青木やよひ、1985、「フェミニズムの未来」日本女性学研究会フェミニスト企画集団編『フェミニズムはどこへゆく──女性原理とエコロジー』松香堂、7-44.
Archambault, Anne. (1993). "A critique of ecofeminism", Canadian Woman Studies, No. 13, 19-22.
Carlassare, E. (1994). "Destabilizing the criticism of essentialism in ecofeminist discourse", *Capitalism Nature Socialism*, No5, 50-66.
Merchant,Carolyn. (1992). *Radical Ecology: The Search for a Livable World*, Routledge,（キャロリン．マーチャント著、川本隆史訳、1994、『ラディカルエコロジー ─住みよい世界を求めて』産業図書）
江原由美子、1995、「制度としての母性」天野正子編著『日本のフェミニズム⑤　母性』岩波書店、1-21.
福永真弓、2008、「エコフェミニズム」加藤尚武編著『応用倫理学事典』丸善出版、150-151.
古田睦美、2005、「サブシステンスと市場経済」川本隆史編『岩波 応用倫理学講義＜4＞経済』岩波書店、188-207.
伊吹美貴子、2016、「マリア・ミースのサブシステンス・パースペクティブ─エコフェミニズムとイリイチの再読を通して─」『日本女子大学大学院人間社会研究科紀要』22号、13-26.
河上睦子、2002、「日本におけるエコフェミニズムの理論の問題と可能性─女性の身体性への視角」天理大学おやさと研究所天理ジェンダー・女性学研究室編著『2002 シンポジウム報告集（英訳付）エコフェミニズムの可能性』天理大学おやさと研究所、27-33.
Manisha, Rao. (2012), "Ecofeminism at the crossroads in India: A review,". *DEP: Deportate, esuli,*

profughe, No. 20, 124-142.

メラー，メアリー、1996、「フェミニズムとエコロジーの課題」上野千鶴子、綿貫礼子編著『リプロダクティブヘルスと環境』工作舎、226-246.

元橋利恵、2019、「戦略的母性主義の可能性：ケアの倫理と母性研究の接続のための整理」『年報人間科学』40号、73-86.

元橋利恵、2021、『母性の抑圧と抵抗——ケアの倫理を通して考える戦略的母性主義』晃洋書房

大越愛子、1996、『フェミニズム入門』筑摩書房

上野千鶴子、湯山玲子、2012、『快楽上等！3.11以降を生きる』幻冬舎

Vandana, Shiva. (1988). *Staying alive: Women, ecology and survival in India*, Kali for Women,（ヴァンダナ，シヴァ著、熊崎実訳、1994、『生きる歓び：イデオロギーとしての近代科学批判』築地書館）

Vandana, Shiva. (1991). *The violence of the green revolution: third world agriculture, ecology and politics*, Zed Books,（ヴァンダナ，シヴァ著、浜谷喜美子訳、1997、『緑の革命とその暴力』日本経済新聞）

横山道史、2007、「日本におけるフェミニズムとエコロジーの不幸な遭遇と離別：フェミニズムとエコロジーの結節点に関する一考察」『技術マネジメント研究』6号、21-33.

エコフェミニズムにおけるヴァンダナ・シヴァの再評価
——戦略的母性主義の観点から

笠原恵美

　本研究は、エコフェミニズムにおけるヴァンダナ・シヴァの「女性原理」概念を戦略的母性主義の観点から再評価し、エコフェミニズム内部の本質主義的アプローチと社会構築主義的アプローチの対立を超越する理論的枠組みの構築を試みるものである。

　シヴァの「女性原理」と戦略的母性主義の比較分析を通じて、両概念が女性の経験や知識を社会変革の手段として位置づける点で共通していることが明らかになった。一方で、理論的背景と適用範囲には相違点が見られた。

　分析の結果、シヴァの理論が本質主義と社会構築主義の二元論を超越する可能性を持つことが示された。「女性原理」は一見本質主義的に見えるが、実際には戦略的に利用されており、戦略的母性主義の「戦略性」と共鳴する。

　本研究は、シヴァの理論と戦略的母性主義の統合により、エコフェミニズムに新たな理論的視座を提示する。この統合的視点は、環境問題と女性の抑圧の関連性をより明確にし、環境運動と女性運動の連携強化、および社会政策におけるケアの再評価に寄与する可能

性がある。

Reappraisal of Vandana Shiva in Ecofeminism: From the Perspective of Strategic Maternalism

KASAHARA Mekumi

This study reexamines Vandana Shiva's theory of the feminine principle (prakriti) from the perspective of strategic maternalism, aiming to demonstrate how it can help bridge the theoretical divide in ecofeminism between essentialist and social constructionist approaches. The research focuses on how Shiva's concept, while grounded in traditional Indian philosophy, offers innovative perspectives for contemporary environmental and feminist discourse.

Ecofeminism has been criticized for its essentialist tendencies and potential reinforcement of gender roles. The theoretical split between cultural ecofeminism, which emphasizes women's spiritual connection with nature, and social ecofeminism, which focuses on socio-economic structures, has hindered the development of ecofeminist thought. This study argues that Shiva's concept of the feminine principle offers a way to transcend this dichotomy, particularly when analyzed through the lens of strategic maternalism.

The analysis reveals that Shiva's feminine principle shares significant theoretical common ground with strategic maternalism, particularly in three aspects. First, both approaches strategically utilize essentialist concepts for political purposes without being trapped in biological determinism. Second, they both value marginalized knowledge and experiences as means for social transformation. Third, they attempt to transcend dualistic oppositions in feminist theory.

Shiva's feminine principle, while rooted in traditional Indian worldviews, functions as a political tool for critiquing modern development paradigms and Western patriarchal systems. Her theory particularly criticizes the "negative development" exemplified by India's Green Revolution. Similarly, strategic maternalism reframes motherhood not as a biological essence but as a strategic resource for political empowerment. Both theories emphasize the importance of care work and subsistence perspectives in challenging dominant social paradigms.

The study concludes that by examining Shiva's feminine principle through the lens of strategic maternalism reveals its potential to overcome the essentialist-constructionist divide in ecofeminist theory, offering new theoretical perspectives for addressing both environmental and feminist concerns in contemporary society.

Book Reviews

新刊紹介

新刊紹介

上野千鶴子・江原由美子編
『挑戦するフェミニズム　ネオリベラリズムとグローバリゼーションを越えて』

（有斐閣　2024）

茶園敏美

　占領期日本における、占領兵と親密な関係にあった占領地女性、いわゆる「パンパン」の研究に、わたしは長年携わってきた。

　今から25年前になる。当時大学院生だったわたしは、「パンパン」と言われた女性たちが、世間でタブー視されていることを知らずに、在野の女性研究者たちが集う女性史の会で発表する機会を得た。

　発表後わたしは、女性参加者の激しい拒否反応に晒された。

　「パンパンを思い出すだけで、腹が立つ」

　「そんな研究はやめろ」

　席から立ち上がって叫ぶ女性もいて、わたし自身、心臓が凍る思いがした。「自分の研究は、がんばっている女性たちを傷つける研究なのだ」という自責の念と恐怖で、数年間、研究から離れた。

　決意を新たにして再び、「パンパン」と言われた女性たちに向き合う中で、日本の第二波フェミニズムを牽引した田中美津さんの存在を知った。

　その後、第三波フェミニズム、第四波フェミニズムの登場に、わたしは戸惑った。フェミニズムの新たな流れが変わっても、依然として、「パンパン」はタブー視されている。セクシュアリティを議論の俎上に乗せた田中美津さんの「便所からの解放」は、どうなったのだろう。

　そんな中、社会学者江原由美子は、ネオリベラリズムとグローバリゼーションを主軸に第二波フェミニズムを再考する書、『持続するフェミニズムのために──グローバリゼーションと「第二の近代」を生き抜く理論へ』（有斐閣）を2022年に刊行した。江原の問いかけに、多方面の学術分野のジェンダー研究者が真摯に応答（1章〜10章）したのが本書である。

　1章は、家父長制と資本制のその後を詳細に論じた結果、フェミニズムはわたしたちの生存可能性がかかっているがゆえに、生き残れるし生き残らなければならな

いという結論に達する。2章は1章に連動し、現代グローバル資本主義の金融化が、フェミニズムにおける最重要課題であることを明らかにする。3章は、マルクス主義フェミニズムの動向と議論を振り返ることで、第二波フェミニズムが目指した解放は、第三波フェミニズムの多様な立場のひとたちが連帯する可能性を示唆する。政治思想史の文脈で論じた4章では、新自由主義に対抗しうる新たな理論は、第二波フェミニズムの知的蓄積ゆえに見出すことができ、その時代にわたしたちは生きていると述べる。5章は社会政策の視座から、日本の生活保障システムが強固な「男性稼ぎ主」であることに注目し、生活保障システムをジェンダー平等の視点から転換する必要性を主張する。6章は、ケアをめぐる新自由主義的改革に焦点を当てることで、フェミニズムが生き残るのに必要なのは「公共財」としてのケア家事労働の政治であることを明らかにしている。7章は、配偶者である夫が死亡した「死別」女性と、配偶者のいない「未婚」女性に着目し、ジェンダーの観点から女性の貧困を論じるときに、「女である」というだけで不利な状況に置かれている未婚女性の貧困を、まっさきに論じる必要があることを論じている。8章は日本の雇用者の賃金格差や非正規化が女性労働にどのような影響を与えてきたかを考察し、能力形成や能力発揮を仕事や職務の経験年数によって評価し処遇が向上していけば、男性稼ぎ主規範や女性を不利に扱う職場慣行という抑圧構造を変革する集合的エージェンシーになりうると述べる。現在の戦争に注目した9章は、男性や女性、兵士や市民に、恐怖や不安、苦痛のみならず、報酬、喜び、誇り、安堵感等をもジェンダー化された動員装置となることに注意を払い、両義性を見据えつつ批判的な知を構築することが、戦争と軍隊をめぐる新たなフェミニズム課題の導きの糸となることを示唆している。10章は、勤務時間の長さと継続性がキャリアに大きく影響する日本では、母親になるとペナルティが重くなる母親罰が、女性活躍政策では軽減されることがなかったことを指摘し、母親罰からの解放が課題のひとつであることや、新自由主義的統治性に抗うには、社会的連帯によって公共性に根ざした政治主体性を育むことが求められると言及する。

　本書のあとがきで江原は、本書のタイトルは当初、『フェミニズムは生き残れるか』だったのが、生き延びるために必要なフェミニズムをどうしたら展開できるか、という方向性に変化し、『挑戦するフェミニズム』になったと述べる。本書は第二波フェミニズムを丁寧に繙くとともに、未来を視野に入れて考察するフェミニズム論集であることは、強調してもしすぎることはない。

　田中美津さんがこの世を旅立たれた2024年8月7日の2週間後に、本書は刊行された。本書は読者であるわたしたちが今後少しでも生きやすく、自由に呼吸できるような社会へ向けて道を照らす灯であるのはもちろんのこと、女性解放運動家、田中美津さんへのオマージュでもある、と感じている。

新刊紹介

高橋幸・永田夏来編
『恋愛社会学　多様化する親密な関係に接近する』

(ナカニシヤ出版　2024年)

荒木菜穂

　「恋愛」とは一見憧れのようでいて個人を縛る呪いであるとは常々思う。個人の自由な選択とされる一方で、それに伴う価値観は半ば社会の総意かのようで、疑問を持とうものなら異端者扱いを受ける。個人の人生や人間的成長における重要事項ともしばしば位置づけられ、結婚という社会制度とも密接する。「正しい」恋愛かどうかにより差別や迫害さえ生じる。恋愛はある種の特権をも有しており、例えば性別役割が例外的に許容されたり（ポストフェミニズム的な「奢る・奢られる」論争などもあるが）、理性よりも情動的なふるまいが美談とされたりもする。

　社会学や家族社会学、ジェンダー論は、その歴史性や社会構造のなかの位置づけを明らかにすることにより、恋愛の持つ強大な「呪い」から個人を解放する大きな役割を果たしてきた。今では、専門的な知識はなくとも、恋愛とは絶対的な「よいもの」ではない、ということはある程度は広く認識されている。本書でも扱われているように、若者のなかの恋愛の優先順位は低下し、未婚率も上昇している。にもかかわらず、恋愛からの自由も恋愛への自由も十分に得ることは困難な社会のしくみは未だ存在し続けているようにも思える。

　本書では、「既存の画一的な恋愛への反射的な批判を越えた、社会科学的な恋愛についての議論」（ⅱ）として、社会制度との関りや恋愛の実態や社会における位置が論じられ、かつ建設的な選択肢としての恋愛を考えるための多様な恋愛のあり方への視点がそれぞれの章にて丁寧に紹介されている。「第Ⅰ部　社会制度としての恋愛と結婚」では、さまざまな関係性が存在するなかの「恋愛」とその特権性について（1章）、恋愛に至る出会いのあり方の変遷とその社会的意味や婚姻制度との関連（2章）、また恋愛や結婚が個人の選択とされてからもなおそうなっていない、出会いにおける親の影響について（3章）、また現代の恋愛観にも通じる、1980年代の雑誌記事からの消費文化としての恋愛とそこに見られるジェンダー規範（4章）といった、社会における恋愛の位置づけが確認、考察される。続く「第Ⅱ部　実証

研究からみる若者の恋愛と結婚」では、恋愛から離れきるわけでなくその優先順位を下げる若者の意識について（5章）、リスク回避という視点からの恋愛や結婚への意識の変化（6章）、恋愛と結婚の結びつきと分離についての国際比較（7章）が述べられる。「第Ⅲ部　現代の「恋愛」の諸相とその多様性」では、恋愛の多様な側面について、男性同性愛が異性愛との比較、異同で語られることへの疑問（8章）、ストーカーなど恋愛感情による加害を特殊な人の問題としてではなく現状の恋愛との連続性とで考える必要性について（9章）、芸能人などへの一方的な恋愛感情を下位に位置づけネガティブにラベリングされる問題（10章）、キャラクターなど虚構の存在への恋愛を多様な恋愛のあり方の一環として位置づける視点（11章）、恋愛における異性愛的性別役割の問題点についてあらためて（12章）、と締められている。恋愛におけるジェンダーについては、12章および、4章での雑誌文化における恋愛に見られる性の二重基準や、「『奢り／ワリカン』とは、男性側がリードしてふたりの関係を先に進めようとするときに用いられる、女性側の意思確認のための符牒のようなもの」といった性役割への視点（57）のように、またおそらく、他の章で扱われた恋愛の多様な面の多くにおいてもその軸が横断的に見いだせるものであるだろう。また、3章での被差別部落の問題や8章での異性愛中心主義のように、特定の個人を差別する側面を持つことも看過してはならない点である。こういった差別や排除の視点もまた、恋愛における多くの面に横断的なものでもある。

　ある決まった形以外の選択を格下、ときには病理とみなす恋愛のあり方は、ロマンティック・ラブ・イデオロギーという呼び名で問題化されてきたが、本書ではその用語の意味するところや日本において定着する経緯に着目し、解体し自由な性解放を目指すべきという新たなイデオロギーにつながることへの疑問も呈される（107）。恋愛からの自由、恋愛への自由という両面を考えた場合、解体された先の議論はまだまだ必要である。

　本書では、恋愛をその背景にある制度や社会構造のみでなく、どのように選択されるのかも含め多面的な議論が紹介されている。恋愛の名のもとに放置されていたさまざまなことが「暴かれている」とみることもできる。そしてそれは、解体された先にあるものを各自が考えるための意義深い材料ともなる。恋愛は本能的なものでも神秘的なものではなく、さまざまなジャンルの知や実証研究によって「説明できる」さまざまな側面がある。恋愛がそのように解体された事実を見据えた先に、どの面に価値をどのように置くかをそれぞれの個人が選択できる未来がある。

新刊紹介

ダリア・リスウィック著・秋元由紀訳
『レイディ・ジャスティス　自由と平等のために闘うアメリカの女性法律家たち』
（勁草書房　2024 年）

宮津多美子

　米国最高裁判所の建造物で目を引く彫刻の一つに「レイディ・ジャスティス」(Lady Justice) と呼ばれる女性像がある。その起源はギリシャ神話の法と秩序の女神テミスあるいはローマ神話の正義の女神ユースティティアといわれ、その姿は天秤と剣を持ち、時に目隠しをした女性として偶像化される。神話では正義は女神として擬人化されてきたが、家父長制社会において女性は法と秩序を守るためにどのような戦いをしているのか。その答えの一つが本書、『レイディ・ジャスティス　自由と平等のために闘うアメリカの女性法律家たち (Lady Justice : Women, the Law, and the Battle to Save America)』である。

　著者であるダリア・リスウィックによると、米国では女性は弁護士よりもかなり前に医者になることを許されたが、これは治療が女性生来の「世話をする」という機能の派生であったためであるという（20）。これに対し、弁護士は「男性専用だった公的領域」の仕事であり、「本物の権力の入り口」であるため、女性は長くこの職業から排除されてきた（20-21）。女性がロースクール学生の 50％ を占め、終身在職権を持つ女性最高裁判事が 3 人になったにもかかわらず、特にトランプ政権下で「女性の前進」がほどけていくように感じた、弁護士資格を持つジャーナリストのリスウィックは法と女性の関係を明らかにするためにペンを執った。本書は、トランプ主義からアメリカの司法と民主主義を守ろうとする女性法律家の戦いの記録である。

　その戦いはポーリ・マリーという無名のローヤーの物語から始まる。奴隷のひ孫であり、南部の裕福な奴隷所有者のひ孫でもあったマリーは幼少期から人種・ジェンダー差別と闘っていた。マリーによる人種隔離法の概説『人種と肌の色に関する諸州法』（1950 年）は歴史的なブラウン事件の担当弁護士の「バイブル」となった。歴史に名が残らない、マリーのような女性が法と秩序を守る闘いの最前線にいたとリスウィックはいう。第 2 章ではトランプの「ムスリム入国禁止令」を批判して解

任された司法長官代行（当時）のサリー・イェイツを、第3章ではその大統領令によって入国を拒否された人々を支援したベッカ・ヘラーを、第4章ではトランプ政権下で起こったシャーロッツヴィル事件の首謀者に有罪判決をもたらしたロビー・カプランを取り上げた。

第5、6章ではそれぞれ「性と生殖の権利」のために戦うブリジット・アミリ、ブラックやブラウンのアメリカ人に対する警察の暴力や刑事司法制度内での不正と戦うヴァニタ・グプタを扱っている。米国ではトランプ政権誕生以来、「女性の身体をめぐる白熱した内戦」が続いている（114）。2016年大統領選挙中、トランプは、中絶した女性は何らかの「罰」を受けるべきだと発言し、自分が大統領になれば最高裁には中絶反対派の裁判官しか指名しないと述べた（116）。実際、その6年後、トランプが指名した3人の最高裁判事（ゴーサッチ、カヴァノー、バレット）がロー対ウェイド判決を覆すドブス判決の成立に寄与した（139）。

第7、8章は自らも当事者となった司法での#MeTooを取り上げている。リスウィックは、1991年、連邦最高裁判事に指名されたアフリカ系アメリカ人のクラレンス・トーマス指名承認公聴会でアニタ・ヒルによる元上司トーマスのハラスメント証言を目撃した数年後、自身も同様の被害に遭った。調査官を務めていた連邦高裁のアレックス・コジンスキー判事によるハラスメント被害である（173）。2017年、30年以上も「公然の秘密」であったコジンスキーの性的不品行は元調査官らによってマスコミにリークされた。その時、その事実を20年以上も隠してきたリスウィックも「沈黙の文化」を破り、実名で告発した。コジンスキーは15人以上の告発をうけて判事を辞任したが、半年も経たないうちに、法律の専門家としてマスコミに再登場した。リスウィックは、行為の軽視（加害者への寛大な裁定）と無言の共犯者（傍観者の沈黙）がセクシャルハラスメント撲滅を困難にしていると述べている（184-86）。

第9、10章ではマイノリティの投票権を守る女性ローヤーに焦点を当てる。第9章ではジョージア州のアフリカ系アメリカ人の選挙人登録を増やし、2020年大統領選挙での民主党勝利に寄与したステイシー・エイブラムスを取り上げ、「最高裁に幇助されて投票権が縮小していく破滅のループ」の中、エイブラムスが提示したのは「その破滅に屈しない態度」だったと述べている（255）。10章ではラティーノ有権者の投票権を守るニーナ・ペラレスによる人種ゲリマンダリングとの戦いを描いている。

トランプ主義と女性ローヤーとの戦いを説得力のある語りで丁寧に描いたリスウィックは、本書の最後でトランプ時代とは誰が「本当のアメリカ人」なのかを争う、「他者化」（アザリング）の時代であったと総括する（279）。多様性を否定するトランプ政権下で、女性や他のマイノリティの疎外につながるアザリングは静かに

かつ不可逆的に進行していた。「トランプが終身制である連邦裁判所の裁判官に200人以上を就任させ、連邦最高裁にも構成の三分一に当たる彼の裁判官を送り込んだ後では、裁判所に駆け込むのは新たな問題を伴う解決策になりかけている」とグプタは語る（156）。退任後も司法を間接的に操り、アメリカ人の価値観に多大な影響を与えてきたトランプは再び表舞台に立った。それでもアメリカの勇敢なレイディ・ジャスティスたちは再び権力の座に就いたトランプに戦いを挑み続けるだろう。アメリカの司法と民主主義を守るために。

『女性学』Vol.32 執筆者情報（氏名、所属、関心領域）

牟田和恵　MUTA Kazue
大阪大学名誉教授
女性学、社会学
Professor Emerita, Osaka University
Women's Studies, Sociology

上野千鶴子　UENO Chizuko
東京大学名誉教授／認定NPO法人ウィメンズアクションネットワーク（WAN）理事長
フェミニズム理論、家族、セクシュアリティ、ケア
Professor Emerita, the University of Tokyo
Chief Director, Certified NPO Women's Action Network
Feminist Theory, Family and Sexuality, Care

佐藤文香　SATO Fumika
一橋大学大学院社会学研究科
ジェンダーの社会理論・社会学、軍隊・戦争の社会学
Graduate School of Social Sciences, Hitotsubashi University
Social Theory of Gender, Sociology of the Military and War

加藤秀一　KATO Shuichi
明治学院大学社会学部
ジェンダー／セクシュアリティ、生殖をめぐる倫理学
Department of Sociology, Meiji Gakuin University
Sociology of Gender and Sexuality, Reproductive Ethics

古川直子　FURUKAWA Naoko
長崎総合科学大学
ジェンダー／セクシュアリティ理論、S・フロイト研究
Nagasaki Institute of Applied Science
Gender and Sexuality Theory, Freudian Psychoanalysis

古川久瑠実　FURUKAWA Kurumi
元大阪公立大学都市経営研究科研究生
同性パートナーシップ制度、同性婚、クィア・スタディーズ、フェミニズム
Former Research Student, Graduate School of Urban Management,
Osaka Metropolitan University
Same-Sex Partnership, Same-Sex Marriage, Queer Studies, Feminism

土屋匠平　TSUCHIYA Shohei
一橋大学大学院社会学研究科 博士後期課程／学術振興会特別研究員（DC2）
女性史・ジェンダー史、教育の社会史、日米関係史
Graduate School of Social Sciences, Hitotsubashi University/
JSPS (Research Fellowship for Young Scientists) Researcher
Women's History/Gender History, New Social History of Education,
Japanese-American Historical Relations

笠原恵美　KASAHARA Mekumi
東京農工大学大学院連合農学研究科
環境倫理学、エコフェミニズム
United Graduate School of Agricultural Science,
Tokyo University of Agriculture and Technology
Environmental Ethics, Ecofeminism

宮津多美子　MIYATSU Tamiko
跡見学園女子大学文学部
米文学・文化、ジェンダー・スタディーズ、異文化コミュニケーション
Faculty of Letters, Atomi University
American Literature/Culture, Gender Studies, Intercultural Communication

荒木菜穂　ARAKI Naho
大阪公立大学客員研究員
社会学、日本の草の根フェミニズム
Guest Researcher of Osaka Metropolitan University
Sociology , Japanese Grassroot Feminism Movements

茶園敏美　*CAHZONO　Toshimi*
大阪公立大学人権問題研究センター
ジェンダー／セクシュアリティ、GHQ、パンパン、戦争花嫁
Research Center for Human Rights, Osaka Metropolitan University
Gender and Sexuality, GHQ, *Panpan,* War Brides,

『女性学』第 33 号　投稿原稿募集

＊「提出用シート」がありますのでご注意ください。

1. 応募資格

日本女性学会の会員に限る。

2. 応募原稿

(1) 種類

論文、研究ノート、情報／資料報告で、未発表原稿に限る。論文は主題について論証が十分なされている点に、研究ノートは主題の提起に独創性があり、今後の展開が期待される点に評価の重点がおかれる。また、情報／資料報告とは、国内外の女性学をめぐる動向、活動報告などを意味する。

(2) 未発表原稿の定義

すでに雑誌論文として掲載予定の原稿、または投稿中（審査中）の原稿は未発表原稿とはみなさない。また、単行本・単行本所収の論文として掲載がすでに決定している原稿も、未発表原稿とはみなされない。修士論文や未公刊の博士論文、その他報告書（科研費等報告書、学会報告など）については、学会における議論の発展に、単独の論文として寄与しうるよう必要な改変・修正を施さなければならず、引き写しは未発表とは認めない。またこの際、註などにおいて元原稿が存在する旨を付記することとする。

(3) 字数制限（図表・写真・註・参考文献リストを含む）

論文（20,000 字以内）、研究ノート（8,000 字以内）、情報／資料報告（4,000 字以内）

＊すべて全角の文字数として計算（半角の英数字1文字も1文字とカウントする）

・文字数は図表を除き文字カウンター（Word の場合「校閲」→「文字カウント」→「文字数（スペース含める）」）の文字数を基準とする。

・図表がある場合、A4 の大きさのものは 1200 字、A4 の 1/2 の大きさのものは 600 字、A4 の 1/4 の大きさのものは 300 字にそれぞれ相当する文字数として換算し、論文の文字数と合わせて、規定の文字数とする。

(4) その他

・応募原稿はワープロ・パソコンを使い、40 字× 30 行の設定にする。

・使用言語は日本語、全角とする（原則として横書き）。

※書式については、必ず『女性学』最新号の「執筆書式」を参照すること。

3．編集委員会に送付するもの、送付先、締切

投稿は、以下の Word および PDF ファイルのデータ送付によって行うこと。

①提出用シート（執筆者情報、タイトル、論文、研究ノート、情報／資料報告、書評などの原稿のジャンルの選択、文字数、図表の数、日本語要旨の文字数および文章（500字程度）など）

＊Word および PDF（テンプレートは日本女性学会ウェブサイトにて掲載）

＊英語の要旨および英語のキーワードは8月の提出時は任意とする。

②論文（目次付き）、研究ノート（目次付き）、情報／資料報告などの原稿のデータファイル

＊Word および PDF

③A4一枚の執筆者情報：(1)氏名、(2)所属、(3)論文タイトル、(4)住所・電話番号（引越・海外移住の場合は新住所と移転日を明記）、(5)メールアドレス、(6)関心領域

＊Word および PDF

送付先：日本女性学会事務局内　編集委員会
e-mail：josei.henshu@gmail.com
締切：2025年8月31日（日本時間で9月1日0時より前に受信されたもの）

4．投稿原稿は、コメンテーターによる査読がなされ、最終的な採否は編集委員会が決定する。

・本学会の査読は、コメンテーター制を取る。査読するコメンテーターが投稿原稿について単にその掲載可否に関する評価を行うだけでなく、執筆者がコメンテーターのコメントを受けよりよい原稿を作り上げていくことを学会として重視しているからである。

・8月末時点の提出において、書類等に不備がある場合、書類一式を受け付けない場合がある。

(1) 編集委員会は日本女性学会幹事および日本女性学会会員より5名程度で構成される。

(2) 編集委員会は固定ではなく、原則、2年ごとに編成される。

(3) 投稿締め切り後、編集委員会を開催し、論文、研究ノートに関しては原則2名、情報／資料報告に関しては原則1名のコメンテーターを決定する。

(4) 投稿原稿は、日本女性学会設立趣意書および日本女性学会規約の目的（第2条）

に基づいてコメンテーターによる査読がなされる。
(5) 査読終了後、編集委員会は執筆者にたいして編集委員会およびコメンテーターの査読を送付し、必要な場合には原稿の修正と再提出を求める。
(6) 特集原稿や依頼書評に関しては、編集委員会にて閲読し、必要な場合には原稿の修正と再提出を依頼する。
(7) 投稿された論文、研究ノート、情報／資料報告などの最終的な原稿掲載の可否は、コメンテーターからの査読結果を基に、編集委員会が全体討議によって最終的に決定する。

5．掲載が決定した場合、以下のものをメール添付の電子データにて提出する。
(1) 最終稿（Word）＊目次や注の機能をつけないこと。
(2) 日本語、英語による表題
(3) 論文、研究ノート、情報／資料報告の場合は、300words以内の英語要旨、500字程度の日本語要旨
(4) 「執筆者一覧」原稿：執筆者氏名、所属、関心領域を日本語・英語の両方で表記。
(5) キーワード（3-5語）：日本語・英語の両方で表記。ただし、情報の場合は不要。

6．デジタル化および他のメディアでの公開等については以下の通りとする。
(1) 掲載論文等を転載する際には、事前に日本女性学会に連絡すること。
(2) 原則として自己の著作の複製権および使用権について、執筆者に対する制限はなされないが、掲載された号の発行から1年間は転載を控えること。
(3) 日本女性学会はウェブサイトにおいて『女性学』の掲載論文等をデジタルデータとして発表することができる。論文等の掲載が決定された原稿について、執筆者はオンライン化（デジタルデータとしての公開）にも同意したとみなす。
(4) 掲載論文等のデジタル化は原則として、J-Stageにて、学会誌の発刊1年後以降に行う。

執筆書式

学術論文ではあるが、専門分野の異なる人にも理解できる表現を心掛けること。

見出し／小見出し

本文中の見出しはⅠ、1、(1) の順とし、アラビア数字については半角で表記する。
【例】
はじめに
Ⅰ　問題の所在――豊田市の女性の投票参加の意味するもの
Ⅱ　豊田市の工業都市形成期――昭和 30 年代の政治的様相
　1　工業都市への市政転換
　2　二つの政治勢力の形成
　　(1)　在来地域社会の政治勢力
　　(2)　企業社会の政治勢力
Ⅲ　豊田市における昭和 30 年代の政治と女性
　1　調査の目的と調査方法
　2　豊田市の昭和 30 年代における女性の政治参加の概要
　　(1)　女性の投票参加を高めた選挙の争点と背景
　　(2)　二つの勢力への女性の取り込み……
おわりに

文中の引用

1.　本文中で引用する場合、引用文には「　」を用いる。行数の多い引用は、本文との間を前後 1 行あけ、全体を 2 字下げにする。出典については、本文中に（著者名、出版年、引用ページ）と示すこととする。文献の詳細については、参考文献に記載する（「参考文献」参照）。
　(1)　和書引用の出典表記の例
　　　文章または引用文「　」の後で（井上、1992、18-19）。
　(2)　外国語書引用の出典表記の例
　　　文章または引用翻訳文「　」の後で（Firestone, 1971, 67）。
　(3)　同一筆者による同年の著作が複数ある場合、発表年の後にアルファベット小文字を付け、参考文献目録における挙示と対応させる。

2. 書籍名（雑誌を含む）のみの表記については『　』（例：『書籍名・雑誌名』）を、論文名のみの表記については「　」（例：「論文名」）を用いる。
3. 自著引用の場合、拙著・拙稿などの表記は避け、氏名を表記することとする。

> 註

註は、本文のその箇所に＊1、＊2の通し番号をつけ、内容は本文の後（参考文献の前）に一括して記載する。読者が読みやすい文章を心掛けるためにも、本文の流れの中に含めることができるものはできるだけ本文中に組み込み、省けるものは省く。

> 参考文献

1. 参考文献は、本文、註の後に一括して記載する（本文、註、参考文献、日本語要旨、英語要旨の順）。
2. 記載項目
   (1) 単著の場合
       著者名、出版年、書名、出版社名
   (2) 共著の場合
       論文著者名、出版年、論文名、編者名、書名、出版社名
   (3) 雑誌の場合
       論文著者名、出版年、論文名、雑誌名、巻号、（任意で出版社名）、ページ
   (4) 外国語文献に邦訳のある場合
       (原書の著者名（日本語）、邦訳者名、出版年、邦訳題名、出版社名）を、原書の記載後に続けて書く。
   (5) 論文には「　」を、単行本、雑誌名には『　』をつける。
3. 文献列挙の形式
   (1) 著者名はアルファベット順に並べ、和書・外国語書混合とする。
   (2) 同一著者の文献は、発表年の古いものから順に並べる。同一著者による同年の著作が複数ある場合、発表年の後にアルファベット小文字を付けて区別する。

【例】

●書籍の場合

江原由美子、1990、『フェミニズム論争──70年代から90年代へ』勁草書房

Firestone, Shulamith. (1971). *The Dialectic of Sex,* Bantam Books, （ファイアーストーン，シュラミス著、林弘子訳、1972、『性の弁証法』評論社）

Norris, Pippa and Joni Lovenduski. (1995). *Political Recruitment: Gender, Race and Class in the British Parliament,* Cambridge University Press.

●書籍の一部の場合

亀田温子、1991、「平等をめぐる世界の動き・日本の動き」西村絢子編著『女性学セミナー』東京教科書出版、224-248.

Wellard, Ian. (2006). "Exploring the Limits of Queer and Sport: Gay Men Playing Tennis", in Jayne Caudwell. (Ed.) *Sport, Sexualities and Queer/Theory,* Routledge, 76-89.

●雑誌掲載論文の場合

秋山洋子、1996、「中国の女性学――李小江の『女性研究運動』を中心に」『女性学』4号、8-34.

Mitchelle, Juliet. (1966). "Women: The Longest Revolution," *New Left Review, No.* 40, 11-37.

●ウェブサイトの場合

内閣府男女共同参画局「男女共同参画センター等の職員に関するアンケート結果について」http://www.gender.go.jp/danjo-kaigi/kihon/kekka.pdf2009（2009年3月30日取得）

図・表

本文とは別のファイルで作成のうえ、通し番号をつけ、本文データファイルに挿入箇所を赤字で指定する。

1ページを使って掲載する図表は1200字、半ページは600字、1/4ページは300字として換算し、上記の「応募原稿」にて指定の字数制限内に収める。

ルビ

本文データファイルに赤字で記入する。

『女性学』提出用シート（1枚目）

Ver. 2212

原稿の種別：	原稿番号：＊（注1）	受付年月日：＊（注1）	年　　月　　日
□ 研究論文 □ 研究ノート □ 情報／資料報告		掲載決定通知年月日：＊（注1）	年　　月　　日

タイトル（日本語）：

（英語・投稿時は任意）：

著者一覧	氏　名	ふりがな	英語表記	所　属
	（注2：以下、複数の執筆者の場合に入力。執筆者が1人の場合は記入不要）			

連絡先

査読・編集作業のための連絡先

連絡者氏名
住所 〒

電話（緊急時のみ使用）：　　　　　　　E-mail（常時使うもの）：

日本語要旨（語数）・キーワード （情報／資料報告の場合は不要）	A: 表題・本文・注・引用文献リストの文字数（Wordの場合、「校閲」の「文字カウント」「文字数（スペース含める）」をご確認ください）	B: 図版・写真の文字数	原稿の総文字数 （左欄AとBの合計）
日本語要旨（500字程度）：　　　字 日本語キーワード（3-5語）：	A4で 1頁大=1,200字相当　　　点 1/2頁大=600字相当　　　点		研究論文は 20,000字以内 研究ノートは 8,000字以内 情報／資料報告は 4,000字以内
英語要旨・キーワード（投稿時は任意）			
英語要旨（250-300 words）：　　words 英語キーワード（3-5語・投稿時は任意）：　　　語	小計　　　　字	1/4頁大=300字相当　　　点 　　小計　　　字換算	合計　　　字

投稿資格 の確認	① 執筆者および共著者はすべて本学会の会員ですか（あてはまる番号に○をつけてください）。 　　1.会員である　2.会員でない → 投稿前に入会手続きをして下さい。 　　　↳ 今年度分の会費は納入済みですか。　1.納入済み　2.未納 → 投稿前にご納入下さい。 ② 最新の学会誌にある「日本女性学会設立趣意書」および「日本女性学会規約」を 　　1.確認した　2.確認していない → 投稿前に必ずご確認下さい。

注1) ＊印には記入しないでください。
注2) 共同執筆の場合、著者一覧には連絡者を含む全著者名を記入してください。必要であれば、枠を加えてください。

<u>2枚目に日本語要旨（論文、研究ノート）、英語要旨（提出時は任意）を入れること。</u>

日本女性学会 入会案内

**日本女性学会は、既成の学会の慣習にとらわれず、
さまざまな立場の方々の参加を期待しています。**

研究、教育、実践、運動等さまざまな視点からの意見・情報を交換し、参加者による民主的、主体的な運営による女性学研究を志す人の交流の場をめざしています。

《主な活動》
年1回の大会の開催
毎年6月に開催します。特定のテーマによるパネルディスカッション、セミナーのほかに自由なテーマによる個人研究発表、ワークショップがあります。

学会誌の発行
学会ニュースの発行
自主研究会活動、プロジェクト

《会員の要件》
1. 規約、特に第2条への賛同（表明する必要はありません）
2. 幹事会の承認
3. 入会金（1,000円）と年度会費*（4月～翌年3月）の納入

＊年収スライド制（自己申告・税込み・該当年度予定収入）
・400万円未満（無職・学生含む）：6,000円
・400～600万円未満：8,000円
・600万円以上：10,000円

入会ご希望の方は、入会申込書に必要事項を記入の上、以下の日本女性学会事務局までご郵送ください。入会申込書はHPよりダウンロードできます。

日本女性学会

〒020-0124　岩手県盛岡市厨川4丁目13番8号
https://joseigakkai-jp.org

日本女性学会設立趣意書

1979年6月18日

　日本における女性学の確立を目標として日本女性学会を設立する。"女性学"とは、人間としての女性尊重の立場から、学際的に女性およびその関連の諸問題を研究する学問であり、女性の視点（立場）をもって既成の諸学問を洗い直すものである。
　いま、世界的に人間性の回復あるいは尊重の願いが高まりつつあるが、女性学もそのような社会的背景の中から台頭し、今後の発展が期待されている。
　さて、東洋における女性の社会的状況は欧米のそれと異なる点が少なくないが、その中でも日本の女性をめぐる諸問題は、早急に研究され解決されなければならない点を数多く含んでいる。わが国における女性学研究は漸く緒についたところであるが、昨今、研究者間の交流と日本における独自の女性学の確立と発展に役立つ場の設定が要望されるようになった。
　このときにあたりわれわれは「日本女性学会」を発足させ、両性の協力のもと、人間の未来への検討も重ねながら、女性の社会参加を進め、女性の社会的状況を変革することに尽力したいと考えるものである。
　女性学の対象は、日常性そのものの中にあり、したがって本学会には既成の学会の慣習にとらわれぬさまざまな立場の人の参加を期待したい。また、日本は国際交流の接点として各国の女性学研究との比較、交流も行いやすい立場にあるといえよう。
　本学会は上記の目的に沿って設立され、今後、参加者による民主的、主体的な運営によって、女性学研究者の交流の場となることを願うものである。

日本女性学会規約

第 1 条
本会は日本女性学会（The Women's Studies Association of Japan）と称する。

第 2 条
本会はあらゆる形態の性差別をなくし、既成の学問体系をこえた女性学の確立をめざし、そのための研究および情報交換を行なうことを目的とする。

第 3 条
前条の目的を達成するため、本会は次の事業を行なう。
研究会の開催
公開講演会の開催
学会誌の発行
その他本会の目的達成に必要なこと

第 4 条
本会の会員は第 2 条の目的に賛同し研究をする者をもって構成する。
（2004 年 6 月 12 日第二文削除）
会員は一般会員および団体会員とする。（2006 年 6 月 10 日改訂）

第 5 条
本会に入会しようとするものは、一般会員 2 名の推薦を得て幹事会に入会申込書を提出し、その承認を受けるものとする。（2004 年 6 月 12 日改訂、2006 年 6 月 10 日改訂）

第 6 条
会員は所定の会費を納入するものとする。会費の額は総会で決定する。

第 7 条
会員は書面をもって通知すれば退会することができる。

第 8 条
本会に幹事若干名を置く。

第 9 条
幹事は総会において一般会員中より選出され、幹事会を構成する。（2006 年 6 月 10 日改訂）

第 10 条
幹事のなかから代表幹事を選出し、本会の代表者とする。

第 11 条
会の運営を円滑に行なうため幹事のなかから常任幹事若干名を置くことができる。

第 12 条
幹事の任期は 2 年とする。ただし、幹事が欠けた場合に補充された幹事の任期は 1 年とする。

重任は1期を限度とする。(1987年6月13日但書改正、2008年6月14日改訂)

第13条
本会に会計監査2名を置く。その選出は、幹事会が一般会員中より推薦し、総会で承認を得るものとする。任期については第12条を準用する。
(1988年6月11日第二文改正、2008年6月14日第二文改訂)

第14条
本会は毎年1回総会を開催する。幹事会が必要と認める時、または一般会員の三分の二以上の請求がある時は臨時総会を開催する。(2008年6月14日第二文改訂)

第15条
総会における決定は、第17条のほかは出席一般会員の過半数により、可否同数の場合は議長の決定によるものとする。(2008年6月14日改訂)

第16条
幹事会は必要に応じて開催し、会の運営にあたる。

第17条
本会の規約の変更、または本会の解散には、総会において出席一般会員の三分の二以上の賛成を得なければならない。(2008年6月14日改訂)

付則

本会の規約は1980年6月1日より施行する。

本会の事務局は、岩手県盛岡市厨川4丁目13番8号に設置する。
この規約は2023年6月17日より改正施行する。

以上

学会活動の自由と公正のための宣言

2006 年 6 月 10 日
日本女性学会総会において採択

学会において、それぞれの会員が自由に活動をするためには、他人の権利の侵害、不当な差別やいやがらせ、研究活動上の不正のない、公正で対等な関係が不可欠である。

この宣言は、学会活動を十分に行う環境を作るため、日本女性学会の基本的姿勢を確認するものである。本学会は、「あらゆる形態の性差別をなくし、既成の学問体系をこえた女性学の確立をめざし、そのため、研究および情報交換を行なうこと」（本会規約）を目的としている。会員は学会の目的に反する活動をしない。また、あらゆる形態の差別をしないことに加え、今日新しく提起されているハラスメント行為についても視野に入れ、これを行わないことを確認する。

1. 会員は、人種、民族、国籍、宗教、障がい、門地、年齢、容姿、性別、性自認、性的指向、婚姻上の地位、子どもの有無、その他あらゆる形態の差別をしない。
2. 会員は公正に研究、調査活動を行う。調査対象者、研究協力者などのプライバシー権や人格権を尊重し、不利益を与えることをしない。
3. 会員は、学生や院生、オーバードクターやポストドクター、研修員等も含め指導している者、雇用している職員や同僚など誰に対してもセクシュアル・ハラスメントおよびアカデミック・ハラスメントをしない。
4. 会員は、直接・間接の監督・指導・評価などにおける職業上の地位を利用した搾取をしない。
5. 会員は、公正に学会活動を行う。学会活動には、学会誌紙の編集発行、大会、研究会の運営や発表、参加などの他、学会を運営するあらゆる事柄を含む。
6. 学会は、この宣言を実現するため、必要に応じて規程およびガイドラインを設ける。

以上

『女性学』第 32 号編集委員

荒木菜穂　　　（大阪公立大学）
伊藤淑子　　　（大正大学）
木村涼子　　　（大阪大学）
茶園敏美　　　（大阪公立大学）
宮津多美子　　（跡見学園女子大学）
　　（五十音順）

編集協力者
レスリー・コープランド

編集後記

●はじめて編集委員に参加させていただきました。不慣れでご迷惑をおかけしたことと思いますが、さまざまな議論について向き合う機会をいただきありがとうございました。ご投稿いただいた皆様、掲載原稿を作成いただいた皆様、構成・印刷に携わっていただいた皆様、読者の皆様に心より感謝いたします。

(荒木菜穂)

●『女性学』第32号の編集を担当させていただき、たくさんのことを学びました。大会のシンポジウムの重要な記録としての特集記事も、投稿いただいた論文も、今号のテーマ「女性学を継承する」のテーマのとおり、女性学のこれまでの歩みのうえに、さらに未来の展開につながる日本女性学会の成果であることを実感しながら編集に携わらせていただきました。機関誌としての『女性学』が、会員の皆様の学問的な交流の場になることを願います。

(伊藤淑子)

●毎回そうですが、今号についても、編集作業に携わりながら、多くのことを学びました。異なる分野、多様な視点による研究交流が豊かであることが、日本女性学会の素晴らしいところだとの思いを強くしています。その体現である学会誌が多くの方に読んでいただけることを願っています。

(木村涼子)

●初めて編集委員となりました。編集委員のみなさまに多大にフォローしていただき、申し訳なく思うと同時に、みなさまの温かさに感じ入っています。お忙しい中、快くコメンテーターを引き受けていただいたみなさま、ご寄稿いただいたみなさま、ご投稿いただいたみなさま、本当にありがとうございます。今後もどうぞよろしくお願い申し上げます。

(茶園敏美)

●寄稿くださった皆様、ご投稿いただいた皆様、コメンテーターの皆様、ありがとうございました。『女性学』の編集を通じて、女性学のすそ野の広さ、学際性を実感しました。今後も、各人が専門性を生かしながら女性学を継承し、「ジェンダー公正」達成に向けた歩みを刻める場となることを願っています。

(宮津多美子)

女性学 Vol. 32

発行日　2025 年 3 月 31 日

編　者　日本女性学会学会誌第 32 号編集委員会
発　行　日本女性学会
　　　　〒 020-0124
　　　　岩手県盛岡市厨川 4 丁目 13 番 8 号
　　　　jyoseigakkai-info@genj.jp
　　　　https://joseigakkai-jp.org
発　売　株式会社カナリアコミュニケーションズ
　　　　〒 141-0031 東京都品川区西五反田 1 丁目 17-1
　　　　第 2 東栄ビル 703 号室
　　　　Tel. 03（5436）9701
　　　　Fax. 03（4332）2342
印刷所　株式会社クリード

© The Women's Studies Association of Japan. 2025
　Printed in Japan

本書の内容の一部あるいは全部を無断で複写複製（コピー）することは、法律で定められた場合を除き、著作者および出版社の権利の侵害となりますので、その場合は予め小社あて許諾を求めてください。
落丁・乱丁本はお取替えいたします。
ISBN978-4-7782-0530-0　C3036　¥2400E
ISSN 1343-697X

視覚障害者その他活字のままではこの本を利用できない人のために、出版社及び著者に届け出る事を条件に音声訳（録音図書）及び拡大写本、電子図書（パソコンなど利用して読む図書）の製作を認めます。但し、営利目的とする場合は除きます。